AF462080

M. DUFAURE

ET SON

FAUTEUIL ACADÉMIQUE

1634-1879

ÉTUDE CRITIQUE ET BIOGRAPHIQUE

PAR

H. MOULIN

PARIS · CHARAVAY FRÈRES LIBRAIRES-ÉDITEURS

51 RUE DE SEINE 51

1879

M. DUFAURE

ET SON

FAUTEUIL ACADÉMIQUE

1634-1879

M. DUFAURE

ET SON

FAUTEUIL ACADÉMIQUE

1634-1879

ÉTUDE CRITIQUE ET BIOGRAPHIQUE

PAR

H. MOULIN

PARIS CHARAVAY FRÈRES LIBRAIRES-ÉDITEURS

51 RUE DE SEINE 51

1879

M. DUFAURE

ET SON

FAUTEUIL ACADÉMIQUE

1634-1879

Il y a bientôt quinze ans que M. Dufaure a été appelé à recueillir la succession littéraire de M. le chancelier Pasquier à l'Académie, et qu'il a pris officiellement possession du fauteuil de son prédécesseur.

Dès que le bruit de sa réception publique, qui s'était fait attendre près d'une année, se fut répandu dans Paris, beaucoup de gens s'en préoccupèrent comme d'un événement. Les portes du secrétariat de l'Institut furent assiégées ; chaque Immortel devint l'objet d'une foule de demandes et de sollicitations ; tous, hommes politiques, hommes de palais, hommes de lettres, orateurs de la Tribune et du Barreau, Princes de l'Église, amis des anciens gouvernements et du gouvernement nouveau, tous, voulaient ce jour-là avoir place au sanctuaire, et assister à une solennité qui devait rappeler, disait-on, les plus brillantes séances de l'Académie française.

Malheureusement, la mort lui avait enlevé Andrieux, cet

inimitable lecteur qui, pour pareille fête et pareille assemblée, eût réservé les primeurs de quelque nouvelle épître sur la *Perfectibilité;* Népomucène Lemercier, qui eût retrouvé quelque chant sur la *Liberté de la Grèce;* Ancelot, quelque nouvelle inspiration sur *Venise et le Lido* (1) ; mais si la voix aimée de ces poètes s'était éteinte, l'Académie n'avait-elle pas encore MM. Viennet et Legouvé, toujours prêts pour ces grands jours, l'un avec ses fables applaudies, l'autre avec ses scènes de comédies, auxquelles le Théâtre-Français fait le même accueil que le Palais Mazarin? Puis, enfin, l'éloge de M. le duc Pasquier, ancien ministre, orateur parlementaire, homme politique, mêlé pendant plus d'un demi-siècle à tous les grands événements de son époque, ne devait-il pas être prononcé par M. Dufaure, lui-même deux fois ministre, membre durant vingt-cinq ans de nos assemblées délibérantes, et l'un des orateurs les plus nerveux de notre tribune nationale ?

La vie et les travaux d'un homme d'État racontés par un homme d'État; les qualités et les discours d'un orateur appréciés par un orateur; les actes d'un ministre de la justice pesés par un jurisconsulte, bâtonnier de l'Ordre; toute une longue carrière politique traversée par trois révolutions, jugée par un homme politique; était-il, pour le public qui compose les réunions académiques, un attrait plus puissant ?...

Ce fut en attendant ce spectacle curieux et instructif que nous promettait la réception de M. Dufaure, que je me hâtai d'écrire, surtout pour le peuple du Palais, *ad gentem togatam*, l'histoire du fauteuil dans lequel allait bientôt s'asseoir le nouvel élu (2).

(1) Ce fut à la séance de réception de MM. Droz et C. Delavigne, le 1er juillet 1825, qu'Andrieux lut, au milieu des applaudissements, son épître sur *la Perfectibilité*.

A la réception de M. Jay, le 19 juin 1832, Nép. Lemercier lut un *Appel aux Muses*, comme il avait lu, dans d'autres séances publiques, *le Triomphe national*, et des fragments de son poème sur *la Grèce*.

M. Ancelot apporta aussi plusieurs fois aux séances de l'Académie son tribut de lectures de pièces de vers inédites.

(2) Ce fauteuil porte le numéro 7, d'après Pellisson, l'historien de l'Académie ; 34, d'après J. de Mancy, qui a dressé un *Tableau historique, chronologique de l'Académie française et de l'Académie des inscriptions et belles-lettres*, et M. Tyrtée Tastet, qui a écrit l'*Histoire des Quarante Fauteuils*.

Peu riche de célébrités, ce fauteuil se recommande par le privilège de la longévité ; c'est un de ceux qui depuis la création de l'Académie, en 1634, comptent le moins de titulaires. M. Dufaure est le dixième ; or, deux cent trente ans à répartir entre ses neuf prédécesseurs donnent, à chacun d'eux, en moyenne, une vie académique de vingt-cinq ans et six mois. Il est vrai que parmi eux il en est plusieurs qui ont dépassé de beaucoup les limites de la vie ordinaire ; trois ont atteint quatre-vingts ans, un quatrième quatre-vingt-seize, et un cinquième est mort plus que centenaire.

S'il nous fallait désigner ce fauteuil, l'un des plus modestes du mobilier académique, par le nom qui l'a le plus illustré, nous l'appellerions le fauteuil du cardinal de Bernis (1). Il ne peut se glorifier d'un Corneille ni d'un Racine, d'un Bossuet ni d'un Fénelon, d'un Lafontaine ni d'un Despréaux, pas même d'un Fontenelle ou d'un d'Alembert; la liste de ses occupants se compose d'un faiseur de ballets, *Intendant des plaisirs nocturnes* de Mme la princesse de Conti, Laugier de Porchères; de trois princes de l'Église : Ph. de Chaumont, évêque d'Acqs, de Bernis, archevêque d'Albi et Cardinal; de Frayssinous, évêque d'Hermopolis ; d'un lieutenant général, homme de Cour, le marquis de Mimeure ; de deux abbés, l'un chanoine de la Sainte-Chapelle, professeur de belles-lettres chez les Jésuites, Nicolas Gédoyn ; l'autre, grammairien, instituteur des sourds-muets, Sicard ; de trois hommes de Palais : L. Cousin, président à la Cour des monnaies ; Pasquier, ancien conseiller au Parlement et chancelier de France; enfin, M. Dufaure, avocat et Bâtonnier de son Ordre. Quatre de ces hommes ont été, en outre, ministres, qui, des affaires étrangères, qui, de l'instruction publique et des cultes, qui, de la justice, qui, de l'intérieur. Dans cette pléiade d'abbés et d'évêques, de militaires, de ministres et d'hommes de robe, c'est à peine si l'on découvre un homme de lettres, à proprement parler.

Trois hommes de Palais pour un même fauteuil, certains

(1) M. T. Tastet lui a donné le nom de l'abbé Sicard, préférant sans doute le point de vue philanthropique au point de vue littéraire.

PAUL-PHILIPPE DE CHAUMONT
1653-1697

LOUIS COUSIN
1697-1707

J.-L. VALON, MARQUIS DE MIMEURE
1707-1719

NICOLAS GÉDOYN
1719-1744

FRANÇOIS-JOACHIM DE PIERRES, CARDINAL DE BERNIS
1744-1794

R.-A. CUCURRON-SICARD
1803-1822

D.-L. DE FRAYSSINOUS
1822-1841

ET.-D. PASQUIER
1842-1863

trouveront peut-être que c'est beaucoup. N'oublions pas toutefois que le Palais, comme l'Église, a toujours été représenté à l'Académie, et qu'il n'est peut-être pas un de ses fauteuils qui n'ait été, au moins une fois, dévolu à l'un des chefs soit de la Magistrature, soit du Parquet, soit du Barreau. Si l'on veut interroger l'histoire de chacun d'eux, on lira les noms, sur l'un : d'un Garde des sceaux, Chancelier de France, Séguier ou d'Argenson ; sur l'autre, d'un premier président au Parlement ou à la Cour des Monnaies, J. de Mesmes, Ant. Portail, Potier de Novion, Cousin ou de Nicolaï ; sur celui-ci, d'un avocat général, Pavillon ou L. Séguier ; sur celui-là, d'avocats au Parlement et au Conseil, Patru, Barbier d'Aucourt, Mich. Leclerc, L. Giry, de Sacy, Charpentier, Target, et, de nos jours, J. Favre, Dupin et Berryer. Faut-il à ces noms ajouter ceux de plusieurs présidents à mortier, comme Bouhier, Salomon, Hénault et Montesquieu ; d'un premier président et d'un procureur général de la Cour de cassation, comme MM. de Sèze et Merlin ; d'une foule de maîtres des requêtes et de conseillers d'État, comme Servien, Bautru, Renouard de Villayer, J. Bignon, Jacques Esprit, de Priézac, Bazin de Bezons, P. Pellisson, Habert de Montmor, etc., etc. ? nous n'aurons qu'un dénombrement, encore incomplet, des hommes de Palais qui ont siégé à l'Académie.

I

HONORAT LAUGIER DE PORCHÈRES

1634-1653

Quel est le premier titulaire du fauteuil dont M. Dufaure est le dernier ? Un illustre inconnu, un quasi-Immortel, puisqu'il vécut, s'il faut en croire Tallemant des Réaux, jusqu'à cent trois ans, Honorat Laugier de Porchères, né dans un village du Languedoc, vers le milieu du seizième siècle.

Qui connaît aujourd'hui cet enfant du Midi, attaché pendant quelques années au service du duc de Savoie, et qui se faisait honneur du titre d'*Intendant des plaisirs nocturnes*, parce que la protection de Mme la princesse de Conti avait obtenu pour lui, avec une pension de 3 ou 400 écus, « l'emploi de faire les ballets et autres choses semblables? »

Il fut nommé à l'Académie à sa création. Ses titres étaient peu nombreux et peu brillants : quelques *Poésies* perdues dans les recueils du temps ; un *Traité des Devises ;* un petit volume de *Lettres amoureuses*, sous le pseudonyme d'Évandre ; un in-quarto intitulé : *le Camp de la place royale, Relation de ce qui s'est passé au mariage du roi Louis XIV avec l'Infante d'Espagne, et de Madame avec le prince d'Espagne.*

D'après le nombre et la valeur de ces titres, il faut reconnaître qu'en l'an de grâce 1634 on pouvait, sans grands frais, entrer à l'Académie. Laugier de Porchères était assurément un pauvre écrivain, ce qui n'empêchera pas son successeur, suivant la coutume académique, de le traiter d'*illustre*, et de dire « que c'est » avec autant de crainte que d'étonnement qu'il entre après un » homme qui ne lui laisse que le désespoir de le suivre (1). »

La réception de Laugier de Porchères donna naissance à deux règlements encore observés de nos jours ; le premier substituait au vote de vive voix le vote par bulletin ; le second subordonnait pour l'avenir à l'agrément du Protecteur l'élection de tout candidat. Laugier de Porchères, paraît-il, avait été lié avec quelques-uns des ennemis du Cardinal, qui avait vu avec déplaisir sa nomination ; ce qu'apprenant, les Académiciens s'empressèrent de se rendre auprès de Son Éminence, et de lui proposer d'annuler le vote favorable à leur collègue. Mais comme le sieur de Porchères n'était pas un personnage que pût redouter le Cardinal, et que sa présence à l'Académie n'était guère de nature à l'inquiéter, il repoussa l'offre qu'on lui faisait et « eut la modération de se contenter d'un règlement pour l'avenir (2). »

La prudence conseillait à Laugier de se faire pardonner ses anciennes relations, et de s'efforcer de rentrer en grâce auprès du maître tout-puissant ; une résolution de l'assemblée lui en fournit l'occasion. Ne sachant encore quelle direction donner à

(1) Discours de réception de Ph. de Chaumont, 1654.

(2) Pellisson, *Histoire de l'Académie.*

leurs travaux, ses membres, dans l'une des premières séances de janvier 1635, décidèrent que « chacun d'eux serait obligé de faire à son tour un discours sur telle matière et de telle longueur qu'il lui plairait. » Hay du Châtelet inaugura la série de ces discours par un essai sur l'*Éloquence française ;* de Boisrobert parla en faveur *du Théâtre;* l'évêque de Grasse, Godeau, *contre l'Éloquence ;* enfin, Laugier, quand vint son tour de haranguer, choisit pour sujet : *La louange de l'Académie, de son Protecteur et de ceux qui la composaient* (1).

Il y avait en même temps à l'Académie deux Porchères, Laugier et Arbaud, qui n'étaient pas parents, et que parfois l'on a confondus l'un avec l'autre. La confusion était d'autant plus facile que, tous les deux, étaient nés en Provence, et avaient pris le nom de leur village ; qu'ils avaient l'un et l'autre la prétention d'être poètes, et faisaient des vers qui avaient à peu près le même mérite et le même applaudissement, et, qu'enfin, ils appartenaient tous deux à l'Académie, où ils avaient été reçus à la même époque. « Chacun d'eux, disait plaisamment Tallemant des Réaux, traitait l'autre de bâtard, et soutenait qu'il n'était pas de la maison de Porchères, assez bonne en ce pays-là ; mais ils s'accordaient en un point, c'est qu'ils étaient l'un et l'autre de méchants auteurs. »

II

PAUL-PHILIPPE DE CHAUMONT

1653-1697

Laugier mourut à Paris en 1653 (2). Sa succession académique échut à un homme qui n'est guère plus connu que lui,

(1) Trois mois plus tard, il prononça un second discours sur *les Différences et les conformités qui sont entre l'amour et l'amitié.* Un autre de ses confrères, M. de Gombauld, parla sur le *Je ne sais quoi.*

(2) La plupart des biographes, et Pellisson notamment, fixent la date de sa mort à 1654. C'est une erreur qu'il est facile de relever avec la *Muse historique* de Loret, dont la *Gazette* annonce le décès de Laugier, le 26 octobre 1653.

et qui a encore moins écrit, Paul-Philippe de Chaumont. Ce dernier était le fils d'un conseiller d'État, et le parent du chancelier Séguier ; peut-être ne faut-il pas chercher à son élection d'autre motif que cette alliance.

Il fut tour à tour garde des livres du cabinet et lecteur du roi, abbé de Saint-Vincent-du-Bourg et évêque d'Acqs (1). Après douze ou quinze années consacrées à la direction de son diocèse, comme Huet, son collègue, il se démit de ses fonctions épiscopales, pour pouvoir se livrer avec plus de liberté à l'étude.

Son discours de réception fut un chef-d'œuvre d'exagération, de pathos et de mauvais goût : « J'ai donc l'honneur, disait-il, » d'être d'une assemblée dont toute l'Europe révère les ouvrages » et suit les décisions, et qui, ayant même fait éclater sa » lumière parmi les glaces du septentrion, a pu la faire admirer » où le soleil n'ose porter la sienne, jusqu'à s'y faire rendre des » hommages par les têtes couronnées... »

Fiat lux !... Comprenne qui pourra ! Puis vint l'éloge outré de « l'incomparable Protecteur, dont les perfections extraordinaires surpassent infiniment celles de tout le reste des hommes ; au même temps qu'elles en attirent l'admiration, elles se dérobent à leur connaissance et leur font avouer que, étant de beaucoup au-dessus de leurs pensées, elles sont aussi au delà de tous les respects que l'on oserait s'efforcer de leur rendre. »

Si Sédaine eût été le contemporain de Mgr d'Acqs, qu'il eût assisté à sa réception et entendu de pareilles phrases, nous ne doutons pas qu'il ne lui eût adressé le compliment qu'il faisait quelques années plus tard à un autre de ses collègues : « Ah ! monsieur, vous m'avez ravi ! depuis vingt ans que j'écris du galimatias, je n'ai encore rien dit de cette force-là. »

Avec ce discours, Mgr d'Acqs n'écrivit de sa vie qu'un in-12 : *les Réflexions sur le christianisme enseigné dans l'Église catholique*. Or, comment Dacier a-t-il eu le courage de l'appeler *illustre ;* et Chapelain d'écrire : « Qu'il ne manquait pas d'esprit et avait assez le goût de la langue ; que s'il ne prêchait bien,

(1) La *Biographie-Didot* le fait évêque d'Apt. Elle a confondu Apt, évêché suffragant d'Aix, avec Acqs, évêché suffragant d'Auch.

il prêchait hardiment et facilement? Il est vrai qu'il ajoutait : « On n'a pourtant rien vu de lui, ni en prose ni en vers, qui puisse lui faire honneur. »

Ph. de Chaumont était chancelier de l'Académie, quand Furetière en fut exclu en janvier 1685. Douze ans plus tard, il mourait à Paris, laissant pour son successeur le président Louis Cousin.

III

LE PRÉSIDENT LOUIS COUSIN

1697-1707

Celui-ci fut reçu dans la séance du 15 juin 1697, et il se contenta de dire avec bon sens, en parlant de son prédécesseur : « Tout était recommandable dans celui que vous regrettez ; illustre naissance, heureux naturel, érudition, politesse. »

Louis Cousin avait soixante-dix ans quand ses travaux et ses nombreuses traductions lui ouvrirent les portes de l'Académie.

Destiné d'abord par sa famille à l'état ecclésiastique, il avait étudié la théologie, soutenu avec succès la thèse, appelée alors *Tentative*, et était reçu bachelier, quand certains arrangements lui fermèrent cette première carrière et tournèrent sa vocation vers le Palais. A l'étude de la théologie, à laquelle il avait pris goût, il substitua l'étude du droit, et prêta son serment d'avocat au Parlement de Paris, en 1646. Il suivit avec exactitude les audiences, se présenta même quelquefois, non sans avantage, à la barre, jusqu'à ce qu'il achetât une charge de président à la Cour des monnaies. Comme ces nouvelles fonctions ne prenaient qu'une partie de son temps, il consacra l'autre à la rédaction du *Journal des Savants*, à la censure des ouvrages soumis à son visa, et à ses compositions littéraires.

« C'était, dit le P. Niceron, un homme d'une probité sans égale, d'une justesse d'esprit admirable, d'un jugement droit et fin, d'un commerce doux et aisé. » Malgré toutes ces qualités, le censeur royal fut souvent fort empêché pour concilier les intérêts de l'autorité, qui trouvait toujours trop large la liberté accordée, avec ceux des auteurs, qui la trouvaient toujours trop restreinte. Quelles que fussent sa réserve et son urbanité, l'amour-propre des écrivains est si chatouilleux, que le journaliste froissa malgré lui certaines susceptibilités, et se fit des querelles avec quelques-uns, avec Fraguier notamment, et avec Gilles Ménage, ce Vadius des *Femmes savantes*, qui l'attaqua en vers grecs, latins et français.

Ne sachant trop que dire de l'honnête président Cousin, Ménage ne s'avisa-t-il pas de lui reprocher son impuissance comme mari, en la comparant à sa fécondité comme traducteur? et voici l'épigramme qu'il lui adressa :

Le grand traducteur de Procope
Faillit de tomber en syncope
A l'instant qu'il fut ajourné
Pour consommer son mariage.
Ah! dit-il, le pénible ouvrage,
Et que je suis infortuné!...
Moi qui fais de belles harangues,
Moi qui traduis en toutes langues!
A quoi sert mon vaste savoir,
Puisque partout on me diffame
Pour n'avoir pas eu le pouvoir
De traduire une fille en femme? »

Le président Cousin eut le courage, bien qu'arrivé à la vieillesse, d'apprendre l'hébreu, afin de pouvoir étudier plus sûrement, en la lisant dans le texte, l'Écriture Sainte. Il s'occupa presque toute sa vie de traductions ; et ses œuvres, en ce genre, ne se composent pas de moins de douze ou quinze volumes in-4°. Son début fut l'*Histoire d'Eusèbe de Césarée*, bientôt suivie de celle de *Clément d'Alexandrie;* puis vint, sous le nom d'*Histoire byzantine*, cette collection d'historiens grecs, qui ont écrit les annales du Bas-Empire, pendant plus de dix siècles, depuis la mort de Théodose jusqu'à la prise de Constantinople (1). Rappellerons-nous, avant de clore la

(1) D'Alembert appelle cette nombreuse réunion « une *populace* d'historiens, absolument dénuée non seulement de philosophie et de critique, mais de génie, de goût et de style. »

liste des ouvrages de notre académicien, l'*Histoire ecclésiastique*, l'*Histoire romaine*, l'*Histoire de l'empire d'Occident*, livre aujourd'hui fort rare, les *Principes et les Règles de la vie chrétienne*, un *Exercice spirituel*, dédié à Mme la chancelière Séguier?...

Utile aux lettres pendant sa vie par ses labeurs, le président Cousin voulut l'être encore, après sa mort, par ses générosités. Il fonda six bourses à l'Université de Paris, et légua à l'abbaye de Saint-Victor sa bibliothèque, avec 20,000 livres pour l'augmenter.

Nous ne voulons pas en finir avec le président Cousin sans relever une phrase du discours de Dacier, chargé de répondre au récipiendaire. Dès ce temps-là, paraît-il, l'Académie ne savait pas toujours résister aux sollicitations du dehors ; aux titres elle préférait quelquefois les recommandations, et se montrait trop docile au patronage des princes, des ministres et de quelques grands seigneurs. Louis XIV, son protecteur, ennemi de ces complaisances, de nature à altérer la considération à laquelle a droit une grande compagnie, se faisait un devoir de la prémunir contre ces faiblesses. « Le roi, disait Dacier à ses » collègues, m'a ordonné de vous dire qu'il aime beaucoup » mieux les sujets que l'Académie choisit elle-même que ceux » qu'elle prend par complaisance et par déférence pour des » recommandations (1).

IV

JACQUES-LOUIS VALON, MARQUIS DE MIMEURE

1707-1719

La traduction en vers, ou plutôt l'imitation libre d'une ode d'Horace, rien de plus, rien de moins, fit de Jacques-Louis

(1) Dans une autre circonstance, à l'occasion de l'élection de Goibaud Du Bois, contemporaine de celle de Simon de la Loubère, qui avait été enlevée par l'influence du contrôleur général de Pontchartrain, le président Rose, secrétaire du roi, écrivant au nom de son maître, félicitait les membres de l'Académie du choix qu'ils venaient de faire de la personne de Du Bois, et ajoutait : « Je ne dois pas vous laisser ignorer une circonstance qui me semble mériter une sérieuse réflexion pour l'avenir ; c'est la joie que le roi a témoignée d'apprendre que nos suffrages ont été libres et sans mélange de la moindre cabale ni recommandation étrangère. »

Valon, marquis de Mimeure, un académicien, en remplacement du président Cousin. Il est vrai, qu'au dire de Voltaire, la pièce française ne le cédait pas à la pièce latine. Malgré l'opinion de Voltaire, juge si compétent en matière de goût, quand la passion ne l'égarait pas, nous ne pouvons oublier ce mot si vrai de Mercier : « Traduire Horace, c'est transvaser du champagne; la mousse s'en va... » La copie eût-elle valu l'original, c'eût été encore un titre bien léger pour prendre rang parmi les quarante immortels.

Le marquis de Mimeure était né en 1659, à Dijon, patrie de Bossuet, ville toute littéraire; il descendait d'une ancienne famille qui avait donné un grand nombre de magistrats au Parlement de Bourgogne, et quelques chevaliers à l'ordre de Malte.

Il fut nommé à la recommandation du Grand Condé. Page du Dauphin, fils de Louis XIV, il partagea les jeux et les études du jeune prince, et sut lui inspirer un attachement qui ne se démentit pas dans la suite. L'éducation du Dauphin terminée, il suivit la carrière des armes; en 1683, il servait comme volontaire, sous Duquesne, et prenait part à l'expédition contre Alger. Après avoir rapidement traversé tous les grades, il devenait aide de camp du duc de Bourgogne, lieutenant général des armées du roi, et gouverneur d'Auxonne. A cette époque, il avait déjà payé de sa personne à Steinkerque, à Fleurus, à la Marsaille, à Ramillies, à Malplaquet, et il s'était trouvé aux sièges de Luxembourg, de Mons, de Landau, de Brisac, de Philisbourg, etc., etc.

Homme de guerre par métier, homme de lettres par occasion, le marquis de Mimeure, dès les premières lignes de son discours de réception, œuvre de La Motte, son ami, constatait cette situation. « La vie militaire, disait-il, que j'ai menée depuis longtemps, ne m'a guère laissé le loisir de cultiver le goût naturel que j'ai toujours eu pour les lettres. » Ce discours presque tout entier n'est qu'une série d'éloges ; éloge du grand Cardinal et du chancelier Séguier, éloge du Roi et de Monseigneur le Dauphin, éloge du duc de Montausier, éloge du président Cousin.....

C'est un usage aujourd'hui traditionnel à l'Académie, que le discours du récipiendaire, auquel est chargé de répondre le Directeur, soit toujours éloquent. Selon la coutume, M. L. de Sacy, directeur en exercice, trouva donc *éloquente* la harangue du marquis de Mimeure.

L'usage veut encore que l'opinion ait désigné au choix de l'Académie l'heureux candidat qu'elle a jugé digne du cénacle ; ainsi en fut-il pour le nouvel élu : « Les vœux du public, lui dit M. de Sacy, ont devancé les suffrages de l'Assemblée. »

L'orateur officiel pouvait-il, lui, l'homme de la tradition, terminer sa réponse sans faire fumer l'encens aux pieds du Roi, « le plus grand objet qui ait peut-être jamais été exposé à l'admiration des hommes ? » Cette phrase académique nous remet en mémoire l'exclamation d'une grande dame de la Cour, à la même époque : « En vérité, il faut se souvenir qu'on est chrétienne, pour ne pas adorer le Roi ! » Mais une autre phrase à l'adresse du président Cousin, « l'un de ces hommes que les » attraits des lettres dégoûtent de l'ambition et de la fortune, » nous fait volontiers oublier toutes ces flagorneries.

M. le marquis de Mimeure mourut dans son gouvernement, en 1719. Un mausolée en marbre lui fut élevé dans l'église d'Auxonne, et son épitaphe, après l'énumération de ses titres et dignités, se terminait par ces mots :

« Passans, priez pour lui, et songez à vous. »

V

NICOLAS GÉDOYN

1719-1744

Voici le premier titulaire du fauteuil dont nous racontons l'histoire, qui représente sérieusement l'érudition et la littérature; aussi fut-il membre tout à la fois de l'Académie française et de celle des Inscriptions et Belles-Lettres.

Nicolas Gédoyn, né à Orléans, en 1667, était le dernier de

onze enfants, et avait pour toute fortune 400 livres de rente ; c'était sa part dans l'héritage paternel.

Élevé dans un établissement des Jésuites, il avait à peine dix-huit ans, quand, à la fin de ses humanités, cédant aux sollicitations de ses maîtres, il s'affilia à leur société. Il professa la rhétorique à Blois, dans l'un de ses collèges ; mais sa faible santé et sa frêle constitution ne pouvant se prêter aux règles de l'institution ni aux fatigues du professorat, il dut rompre avec la Compagnie et rentrer dans le monde. Nous le retrouvons bientôt chanoine de la Sainte-Chapelle, abbé de Beaugency et de Sainte-Sauve-de-Montreuil. Le charme de son esprit, l'égalité de son humeur, la sûreté de ses relations lui ouvrirent les portes des meilleures sociétés de l'époque.

A son nom se rattache le souvenir de deux femmes célèbres, la spirituelle Madame Cornuel et la trop sensible Ninon. L'abbé était encore enfant lorsqu'il fut atteint d'une grave maladie ; à la suite d'une crise violente, on le crut mort, et déjà on commençait à l'ensevelir quand Madame Cornuel, que le hasard avait amenée dans la maison, demanda à le voir. Elle crut remarquer qu'il respirait encore, s'empressa de lui prodiguer les soins que réclamait son état et fut assez heureuse pour le rappeler à la vie.

Quelque peu parent de Mademoiselle de Lenclos, et admis dans son intimité, il était devenu son ami. L'abbé eût voulu être quelque chose de plus ; mais M. le Prince, le duc de Larochefoucauld, le maréchal d'Estrées, le marquis de Sévigné, Villarceaux, La Châtre et tant d'autres, premiers en date, ou mieux recommandés par leurs noms, leurs titres et leurs avantages personnels, devaient l'emporter sur lui. Dernier venu, il prit patience, et Ninon, à laquelle il sera sans doute beaucoup pardonné, récompensa, dit-on, sa persévérance. Elle l'écouta, s'il faut en croire la chronique... le lendemain du jour où elle eut quatre-vingts ans.

Voisin du père de Voltaire, il vit grandir sous ses yeux le jeune Arouët, dirigea ses premières études et développa ses heureuses et précoces dispositions.

Comme membre de l'Académie des Inscriptions, il lut assez souvent, dans ses séances, des *Mémoires* conservés dans la collection de la Compagnie. Il aimait la variété dans ses travaux : à l'*Histoire de Dédale*, il faisait succéder celle de *Phidias*, ou *la Vie d'Épaminondas ;* après un essai sur *les Traductions* ou un *Entretien sur Horace*, il écrivait sur *l'Urbanité romaine*, ou sur *les Plaisirs de la table chez les Grecs;* il s'inquiétait de savoir ce qu'étaient *les Courses de chevaux et les Courses de chars aux jeux olympiques*, etc., etc.

Comme membre de l'Académie française, il composa la traduction de Pausanias, *belle infidèle*, de la famille de celles de Perrot-d'Ablancourt, et la traduction de Quintilien, qui n'eut guère d'autre mérite que de faire oublier celle de l'abbé de Pure, l'une des victimes de Boileau (1) ; un volume d'*œuvres diverses*, édité après la mort de l'auteur, par son collègue l'abbé d'Olivet.

Lorsque le maréchal de Richelieu, les abbés de Roquette et de Rothelin furent reçus à l'Académie, Gédoyn en était directeur, et ce fut lui qui, en cette qualité, répondit aux récipiendaires.

Il atteignait sa soixante-seizième année, quand la mort le frappa, en 1744, au château de Fort-Pertuis, près de son abbaye de Beaugency. « Il était prêtre, dit d'Alembert, dans son » *Éloge;* il avait été jésuite ; il était pieux, il était savant... Il » n'avait ni les préjugés de sa robe, ni ceux de l'érudition ; il » voyait le christianisme en prêtre éclairé et en philosophe ci- » toyen, et il était aussi exempt du fanatisme littéraire que du » fanatisme religieux. »

VI

FRANÇOIS-JOACHIM DE PIERRES, CARDINAL DE BERNIS

1744-1794

L'abbé Gédoyn eut pour successeur un autre abbé, mais jeune, mais brillant ; joignant aux avantages de la figure les avantages

(1) L'abbé de Pure a traduit *Quintilien*, 1663, 2 vol. in-4, et *la Vie de Léon X*, de P. Jove; il a écrit quelques pièces de théâtre et *la Vie du maréchal de Gassion*, 1673, 3 vol. in-12.
Il n'est connu que par les Satires de Boileau.

de l'esprit; applaudi dans le monde pour ses vers; d'une noble naissance, et destiné à devenir l'un des princes de l'Église, François-Joachim de Pierres de Bernis.

Il était né à Saint-Marcel-de-l'Ardèche, en 1715, l'année de la mort du grand Roi, d'une ancienne et illustre famille, mais mal partagée du côté de la fortune. Elle datait, paraît-il, du dixième siècle, et comptait parmi ses membres Guillaume de Pierres, qui s'était distingué en 1098 au siège d'Antioche.

Une grande naissance n'exclut pas toujours la pauvreté; de Bernis ne pouvait espérer de faire son chemin au fond de sa province; sa famille la lui fit donc quitter, presque enfant, pour venir à Paris. Il y fut placé au collège de Louis-le-Grand, alors dirigé par les Jésuites, et plus tard au séminaire de Saint-Sulpice, où, pendant ses études théologiques, il faisait déjà de petits vers. Il avait hâte d'être présenté dans le monde. A peine s'y montra-t-il que le monde lui fit accueil; il ne tarda pas à s'y faire la réputation de bel esprit, d'abbé de Cour et d'homme à bonnes fortunes.

Tout en cultivant le monde, l'abbé de Bernis courtisait aussi l'évêque de Mirepoix, chargé de la feuille des bénéfices, et le Cardinal de Fleury, premier ministre; mais l'un et l'autre faisaient la sourde oreille à ses sollicitations. Un jour qu'admis à Versailles, auprès de Son Éminence, il se montrait encore plus pressant que de coutume : — « Monsieur l'abbé, lui dit-elle, » après lui avoir reproché sa conduite par trop mondaine, votre » insistance est inutile ; vous n'obtiendrez rien de mon vivant. » — « Eh bien ! Monseigneur, repartit l'abbé, en s'inclinant, j'at» tendrai » — Le temps donna raison à l'abbé ; il n'avait guère que vingt ans et le Cardinal en avait plus de quatre-vingts; il attendit et se contenta, pour toute vengeance, de composer à son puissant ennemi l'épitaphe suivante :

Ci-gît qui, loin du faste et de l'éclat,
Se bornant au pouvoir suprême,
N'ayant vécu que pour lui-même,
Mourut pour le bien de l'État.

Quelques années après cette réception du ministre, le grand

dignitaire était mort, et Mme de Pompadour, alors maîtresse en titre du Roi, et que l'abbé avait connue avant sa faveur, lorsqu'elle n'était encore que Madame Lenormand d'Étiolles, se chargeait de réparer envers lui les torts de l'Éminence défunte et de la fortune.

L'abbé avait adressé à la favorite force petits vers; il avait rimé pour elle des contes, des couplets, des madrigaux, etc.

Célébrant *les Petits trous* de la marquise, il avait dit :

Ainsi qu'Hébé, la jeune Pompadour,
A deux jolis trous sur la joue;
Deux trous charmans, où le plaisir se joue,
Qui furent faits par la main de l'Amour.
Enchanté des roses nouvelles,
D'un teint dont l'éclat éblouit,
Il les touche du doigt.....
L'empreinte de son doigt forma ce joli trou,
Séjour aimable du sourire,
Dont le plus sage serait fou.

Ailleurs, dans un *madrigal* écrit pour Mme de Pompadour, se demandant : Qu'est-ce qu'amour ? Il avait répondu :

. . . . C'est un enfant, mon maître.
Il l'est aussi du berger et du roi.
Il est fait comme vous; il pense comme moi;
Mais il est plus hardi peut-être.

Mme de Pompadour encouragea-t-elle les hardiesses de son poète ? Toujours est-il qu'elle paya largement ses vers. Elle le recommanda à son royal amant, et obtint pour lui un logement au Louvre et une pension de 1,500 livres sur la cassette privée. Cette faveur fut le premier pas de l'abbé de Bernis dans la carrière des honneurs et des dignités. Il venait de remercier sa protectrice, et il sortait de chez elle par un escalier dérobé, emportant sous son bras une pièce de toile de Perse qu'elle lui avait donnée pour meubler son nouvel appartement, lorsqu'il se rencontra avec le Roi. « Que portez-vous donc-là ? lui demanda ce dernier. — L'abbé de Bernis, surpris, embarrassé, ne répondait pas; le Roi répéta sa question, et l'abbé lui avoua alors ce qui s'était passé, et ce que contenait son paquet. — « Ah ! reprit Louis XV,

» la marquise vous a donné la toile pour meubler votre appartement, eh bien ! voici les clous pour l'attacher... » Et en même temps il lui glissa dans la main un rouleau de cinquante louis. « La marquise, ajouta-t-il, m'a souvent parlé de vous ; à l'occasion, je m'en souviendrai. »

A partir de cette rencontre, la fortune sembla conduire par la main l'abbé de Bernis. Il fut nommé presque coup sur coup chanoine du chapitre des Comtes de Brioude, puis de celui des Comtes de Lyon, où l'on ne pouvait entrer sans faire la preuve de seize quartiers de noblesse d'épée, des deux côtés, paternel et maternel ; ambassadeur près la République de Venise ; ambassadeur extraordinaire et ministre plénipotentiaire en Espagne ; enfin, ministre des affaires étrangères de France et commandeur de l'ordre du Saint-Esprit.

L'abbé de Bernis semblait au faîte du crédit et de la puissance ; mais sa faveur ne fut pas de longue durée. Sous l'influence du nouveau ministre des affaires étrangères, un traité d'alliance offensif et défensif avait été signé à Versailles, entre la France et l'Autriche, lequel donna naissance à la guerre de Sept ans et aux malheurs qu'elle entraîna après elle. Bien que la capacité et la probité du ministre fussent à l'abri de tout soupçon, il s'effraya de la responsabilité dont on voulait le charger, puis la protection capricieuse de madame de Pompadour se retira de lui, et un an ne s'était pas écoulé depuis son entrée au ministère, qu'il était remplacé par M. le duc de Choiseul, et disgracié.

Il quitta Versailles sans regret, se retira à l'abbaye de Vic-sur-Aisne, près de Soissons, où il passa quelques années dans le calme et le repos.

Dès 1758, vers la fin du ministère de l'abbé de Bernis, le pape Clément XIII lui avait envoyé le chapeau de Cardinal. A la mort de madame de Pompadour, le Roi fit cesser son exil, le nomma évêque d'Albano, archevêque d'Albi, Protecteur de toutes les Églises de France, et ambassadeur près du Saint-Siège.

Dans ces nouvelles fonctions, il représenta son pays de la façon la plus noble dans la capitale de la chrétienté. Pendant les vingt-cinq ans qu'il habita Rome, le palais de l'ambassade fut ouvert à tous les nationaux et même aux étrangers; les souverains qui vinrent visiter Rome, le roi de Suède, Gustave III, et les tantes de Louis XVI, y reçurent une généreuse hospitalité. La demeure du cardinal était, comme il le disait spirituellement lui-même, « une auberge de France dans un carrefour de l'Europe. » Sa table était somptueusement servie pour ses convives, auxquels il en faisait délicatement les honneurs; car pour lui, d'une excessive frugalité, et obligé par une tentative d'empoisonnement de prendre les plus grandes précautions de santé, il se contentait de deux œufs frais.

« L'assemblée du cardinal de Bernis, disait le ministre Roland, qui avait pu en juger par lui-même, est peut-être l'une des assemblées périodiques de société les plus magnifiques de l'Europe. Grand par lui-même, il est en outre magnifique dans ses représentations. Tout ce qui concourt à leur éclat est double chez lui : tenant table ouverte, donnant à tout le monde, ne recevant de personne et toujours au-dessus de toute comparaison dans les fêtes, dans les cérémonies, dans les illuminations publiques. Tant de somptuosité, le concours des grands, les hommages du peuple, une politique qui a mis plus d'une fois en défaut celle du Vatican; une politesse aisée, qui toujours est à tout et s'étend à tout le monde, donnent au cardinal de Bernis un crédit, un ascendant que de grands talents soutiennent d'une manière imposante. »

La Révolution vint briser cette grande situation. La conscience du Cardinal ne lui ayant pas permis de prêter le serment exigé du clergé par la Constitution, il perdit son ambassade, ses dignités et 400,000 livres de traitement. Après avoir vécu dans l'opulence, il se serait trouvé aux prises avec le besoin, et fût mort pauvre, si le roi d'Espagne, à la sollicitation du chevalier Azara, ne lui avait assuré une pension.

Jusqu'ici nous n'avons vu, dans M. de Bernis, que le haut dignitaire de l'Église, le ministre et l'ambassadeur ; n'est-il pas temps d'y voir l'académicien et l'homme de lettres ? Si nous n'osons lui donner le titre de poète, nous le rangeons au moins, non loin de Gentil-Bernard, parmi les plus élégants versificateurs du dix-huitième siècle. Peut-être mérita-t-il, jusqu'à un certain point, le reproche de *stérile abondance* que lui adressa le Grand Frédéric (1) ; peut-être abusa-t-il des images mythologiques et émailla-t-il de trop de fleurs ses poésies, ce qui lui valut de la part de Voltaire le surnom de *Babet la Bouquetière;* mais il sut racheter ces défauts par la pureté et la correction de ses vers, quelquefois par la grâce et le naturel. L'auteur des *Quatre Saisons*, des *Quatre Parties du Jour*, de la *Religion vengée* et de quelques *Épîtres*, n'était point un écrivain sans mérite.

Qui ne se souvient des épîtres sur le *Goût* et sur les *Mœurs*, adressées, l'une à M. le duc de Nivernois, l'autre à M. le baron de Montmorency, et de celles sur l'*Hiver* et sur la *Paresse*, dans lesquelles on trouve des vers comme ceux ci :

Censeur de ma chère paresse,
Pourquoi viens-tu me réveiller,
Au sein de l'aimable mollesse
Où j'aime tant à sommeiller?
Laisse-moi, philosophe austère,
Goûter voluptueusement
Le doux plaisir de ne rien faire...
. . . .
Ce n'est point à l'humble colombe
A suivre l'aigle dans les cieux;
Sous les grands travaux je succombe ;
Les jeux et les ris sont mes dieux.
. . . .
Pour éterniser sa mémoire
On perd les moments les plus doux;
Pourquoi chercher si loin la gloire?
Le plaisir est si près de nous...
. . . .
Quelquefois pour Éléonore,
Oubliant son oisivité,
Ma jeune muse touche encore,
Un luth que l'amour a monté ;
Mais elle abandonne la lyre
Dès qu'elle est prête à se lasser.
Car enfin que sert-il d'écrire?
N'est-ce pas assez de penser ?...

(1) « Évitez de Bernis la stérile abondance. »

Toutes ces poésies légères appartiennent à la première moitié de la vie de M. de Bernis. Il les considérait comme des peccadilles de la jeunesse de l'abbé, dont le Cardinal, plus avancé en âge, était devenu le juge le plus sévère, et dont il n'aimait même pas qu'on lui rappelât le souvenir à un ami qui croyait le flatter, en les lui rappelant : « *Delicta juventutis meæ ne memineris,* » répondit-il.

Ce furent elles cependant qui appelèrent sur leur auteur, avant trente ans, le choix de l'Académie. Il y fut reçu par Crébillon, le 29 décembre 1744, dans la même séance que l'abbé Girard. Louis XV était alors le protecteur de la Compagnie, et les éloges des récipiendaires ne lui manquèrent pas plus qu'à Louis XIV; le Cardinal de Bernis l'appela « le défenseur des rois, le père du » peuple, le héros de la guerre, l'ange de la paix. » De son côté, Crébillon encensa « les vertus de ce roi, l'objet de notre admi- » ration, mais trop souvent le douloureux objet de nos larmes, » de ce héros que l'on venait de voir, jeune encore et à peine » échappé au danger qui menaçait sa vie, presque mourant, se » frayer tout à coup un chemin des bords de l'Achéron au faîte de » la gloire (1). »

Comme directeur, ce fut M. de Bernis qui reçut Duclos, son ami; qui complimenta le Roi, à son retour de l'armée, en 1747, et harangua le Roi, la Reine, le Dauphin et la Dauphine, à l'occasion de la mort de la reine de Pologne.

Le Cardinal de Bernis n'eut point les honneurs d'un éloge par un successeur (2). Il mourut à Rome, en 1794; mais l'Académie était tombée avant lui, frappée de mort par un décret de la Convention du 8 août 1793 (3).

(1) Ne voulant pas apparemment être en reste, l'abbé Girard s'écriait : « Heureuse époque que la nôtre, qui a réuni la bonté de Louis XII, le courage et la valeur du grand Henri, la munificence, la sagesse et la magnanimité de Louis XIV, pour former Louis XV !... »

(2) Plusieurs académiciens, morts, comme M. de Bernis, pendant la suppression des sociétés savantes et littéraires, furent, comme lui, privés de tout éloge. Mais l'Académie restaurée ayant décidé que cette lacune dans ses annales serait comblée, et qu'un tribut tardif serait payé à la mémoire de ses membres décédés pendant la période révolutionnaire, M. l'abbé de Féletz fut chargé de l'éloge du cardinal de Bernis, et le lut dans l'une de ses séances particulières.

(3) Art. 1er. Toutes les académies et sociétés littéraires patentées par la nation sont supprimées.

Deux années ne s'étaient pas écoulées depuis cette suppression, qu'un décret du 3 brumaire an IV la réorganisait, sous le titre d'Institut national. La même main qui l'avait renversée devait, comme expiation, la relever.

VII

R.-A. CUCURRON-SICARD

1803-1822

A l'époque où l'abbé de Bernis prenait possession de son siège à l'Académie, naissait, en 1742, au Fousseret, près de Toulouse, l'homme destiné à le remplacer, Roch-Ambroise Cucurron-Sicard.

A la différence de ses prédécesseurs, ce ne fut point le choix de ses collègues, mais la désignation du Gouvernement qui en fit un académicien. Lors de la création de l'Institut, en l'an IV, le Directoire le nomma, avec Garat, dans la classe de grammaire, en même temps qu'il nommait, dans celle de poésie, Chénier et Lebrun. Quand vint l'arrêté consulaire de réorganisation de l'an XI, l'abbé Sicard fut désigné pour la classe de littérature, en compagnie d'Andrieux, de François de Neufchâteau, de Collin d'Harleville, de Legouvé, d'Arnault, de Fontanes et de beaucoup d'autres.

Ce qui avait appelé sur lui l'attention et valu à son nom quelque célébrité, c'étaient les services qu'il avait rendus à l'éducation des sourds-muets. Dès 1786, lorsque l'archevêque de Bordeaux, Champion de Cicé, avait ouvert dans sa ville métropolitaine la première école pour les sourds-muets, c'était à l'abbé Sicard qu'il en avait confié la direction ; ce dernier, à la mort de l'abbé de l'Épée, avait en outre recueilli au concours son héritage. Il était déjà vicaire général de Condom et chanoine de Bordeaux, quand il fut nommé professeur de grammaire à l'École normale.

Successeur de l'abbé de l'Épée, l'abbé Sicard se consacrait tout entier à l'instruction de « ses chers enfants », c'est le nom qu'il donnait aux sourds-muets confiés à ses soins; il travaillait à perfectionner la méthode du maître et à améliorer le sort des élèves, s'inquiétant à peine des événements politiques qui se pressaient autour de lui. Peu s'en fallut cependant que les journées de septembre ne missent un terme à cette vie de dévouement, et que les assassins de l'Abbaye ne fissent une victime de plus. Le 26 août 1792, l'abbé Sicard avait été arrêté dans son établissement, conduit au comité de sa section, et envoyé de là prisonnier à la mairie.

Vainement ses élèves avaient adressé à l'Assemblée nationale une pétition pour lui redemander leur père; vainement l'Assemblée avait ordonné au ministre de l'intérieur de lui rendre compte des motifs de l'arrestation; le 2 septembre, l'abbé Sicard arrivait à l'Abbaye, avec plusieurs prêtres, transférés, comme lui, d'autres prisons de Paris. Ses compagnons furent immédiatement massacrés sous ses yeux; déjà le sabre des égorgeurs était levé sur lui, quand un généreux citoyen, dont l'histoire a conservé le nom, Monnot, se jeta courageusement entre les assassins et la victime : « Ne reconnaissez-vous donc pas, leur dit-il, l'abbé Sicard, l'instituteur des sourds-muets, l'un des hommes les plus utiles à son pays? Vous passerez sur mon corps avant d'arriver à lui!... » Cette fermeté de langage et d'action sauva l'abbé Sicard, mais il était toujours en prison; pendant deux jours encore, il vécut au milieu des massacres, témoin des sanglantes exécutions de l'Abbaye, et craignant à chaque minute de voir arriver son tour. Enfin, le 4 septembre, il adressa à M. Laffon-Ladebat le billet suivant :

« Ah! mon cher monsieur, que vais-je devenir si vous ne volez à mon secours! Je suis dans la chambre d'arrêt de l'abbaye Saint-Germain-des-Prés, le seul prêtre que le peuple n'ait pas encore immolé. Je vais l'être si vous n'obtenez de l'Assemblée nationale qu'elle m'envoie quelques députés pour me préserver de la mort. C'en est fait de moi si vous n'obtenez ce grand secours!

« SICARD. »

« Ce 4 septembre, à trois heures.

« J'ai écrit à M. Barennes : M'abandonnez-vous aussi ? Un mot de réponse par écrit. »

A la réception de ce billet, M. Laffon-Ladebat courut chez Chabot et le supplia de se rendre sans délai à l'Abbaye. Ce dernier y consentit, et l'abbé Sicard sortit de prison à sept heures du soir. Il se fit conduire à l'Assemblée, se présenta à la barre et prononça un discours de remerciement, qui se terminait par ses mots :

« Jamais un seul mot injurieux à la cause de la liberté n'a pu sortir de ma plume... Non, celui qui a juré avec profusion de cœur soumission à toutes vos lois, celui qui a juré de mourir pour elles, ne devait pas s'attendre à être traité comme un ennemi de la liberté. Pères de la patrie, apprenez à l'Europe que les pères de la patrie savent si bien réparer les maux du nouveau régime, que ceux mêmes qui en sont les victimes sont forcés de le chérir et de le défendre. »

Sur la motion de Chabot, organe de la section des Quatre-Nations, l'abbé Sicard fut rendu à ses élèves, au milieu desquels il passa sans trouble les jours de la Terreur. Mais il avait eu l'imprudence, dans ces temps d'agitation, où l'opinion triomphante la veille était parfois proscrite le lendemain, de se faire l'un des principaux collaborateurs des *Annales catholiques*, et sa participation à la rédaction de cette feuille le fit inscrire sur les listes de déportation du 18 fructidor. Il fut assez heureux pour pouvoir échapper à l'exécution de l'arrêté directorial et éviter le voyage de Sinnamari, mais il fut obligé pendant plus de deux ans de vivre caché dans le faubourg Saint-Marceau, et il fallut le 18 brumaire pour lui permettre de sortir avec sécurité de sa retraite, et de reprendre la direction de l'établissement des Sourds-Muets.

Depuis cette époque jusqu'à sa mort il fut à l'abri de nouvelles atteintes des événements politiques, et, n'étaient certains embarras d'argent, qui vinrent attrister sa vieillesse, il lui fut loisible de se livrer sans crainte et sans réserve à ses études de prédilection et à l'administration de l'Institut confié à son expérience. Ses études produisirent quelques bons ouvrages parmi lesquels :

1° *Éléments de grammaire générale, appliquée à la langue française, ou Théorie des Signes, pour l'instruction des sourds-muets* (1);

2° *Cours d'instruction d'un sourd-muet de naissance, pour servir à l'éducation des sourds-muets ;*

3° *De l'Homme et de ses Facultés physiques et intellectuelles, de ses Devoirs et de ses Espérances*, traduction de l'anglais ;

4° *Journée chrétienne d'un sourd-muet,* etc., etc.

Ami du bruit et de la publicité, de la représentation et de la réclame, l'abbé Sicard avait organisé dans son institution du faubourg Saint-Jacques des exercices publics mensuels. Ces exercices attiraient un auditoire nombreux et choisi, composé de l'aristocratie de la naissance, de la fortune et du talent.

Monté sur une estrade en face du public, il parlait avec abandon et enthousiasme de sa méthode, de ses succès, de ses services, des progrès de ses élèves ; on pardonnait ces éloges à la naïveté de son amour-propre ; « on oubliait même volontiers l'incohérence » de ses discours, le vague pédantesque de ses dissertations » grammaticales, l'âpreté de son accent et l'incurable difficulté » de son improvisation (2), » et l'on applaudissait le zèle du professeur et l'intelligence de Massieu, de Clerc et de Berthier, ses meilleurs élèves. Il reçut sous l'Empire la visite du pape Pie VII, et, sous la Restauration, celle des souverains étrangers.

Le mérite de l'abbé Sicard, bien que réel, mais trop vanté, n'était pas à la hauteur de sa réputation. L'un de ses admirateurs... sur parole, l'entendant pour la première fois, s'étonnait de ne pas rencontrer l'homme que son imagination avait créé. « Comment, disait-il à Mme Bourdic-Viot, qu'il avait accompagnée, c'est là cet abbé Sicard, cet homme célèbre, à qui l'on

(1) Cet ouvrage, qui a eu plusieurs éditions, avait paru sous l'Empire, avec un *Hommage à Napoléon,* que l'abbé Sicard eut le tort de supprimer dans les exemplaires imprimés sous la Restauration.

(2) *Annuaire nécrologique*, de Mahul.

» donne tant d'esprit? — Oui, répondit finement la femme auteur, mais l'esprit de son état... un esprit sourd-muet. »

L'abbé Sicard était accoutumé à célébrer chaque année la messe de la Saint-Louis devant l'Académie. Ce fut lui qui fut chargé de recevoir le cardinal Maury en 1807. D'après les exigences de Son Éminence, et contrairement à la loi d'égalité observée parmi tous les membres, il eut la faiblesse de lui donner du *Monseigneur*, comme Fontenelle, en 1722, en avait donné au cardinal Dubois (1).

Sicard touchait à ses quatre-vingts ans. Voyant sa fin approcher, il écrivit à l'abbé Gondelin, directeur de l'établissement des Sourds-Muets de Bordeaux :

« Mon cher confrère,

» Près de mourir, je vous lègue mes chers enfants. Je lègue leurs âmes à votre religion, leurs corps à vos soins, leurs facultés intellectuelles à vos lumières, à vos moyens. Remplissez cette noble tâche et je meurs tranquille. »

Le dernier vœu du moribond fut exaucé ; le Gouvernement lui donna l'abbé Gondelin pour successeur, et le nouveau directeur se fit une loi de continuer dans la maison les traditions des deux fondateurs, et de confondre dans les hommages des élèves les noms de l'abbé de l'Épée et de l'abbé Sicard.

VIII

D.-L. DE FRAYSSINOUS, ÉVÊQUE D'HERMOPOLIS

1822-1841

L'abbé Sicard était mort à Paris le 10 mai 1822, et le 27 juin,

(1) La question de savoir si on appellerait le cardinal Maury *Monsieur* ou *Monseigneur*, préoccupa vivement, à l'époque de sa réception, le public et les journaux, et souleva au sein de l'Académie de violents débats.

« Nous avons eu, écrivait le vieux Morellet à Rœderer, depuis qu'il est question de la réception du cardinal Maury, des querelles scandaleuses. »

Le *Journal de l'Empire* et le *Moniteur* intervinrent dans le débat et appuyèrent la prétention du cardinal Maury.

C'est à l'occasion de cette lutte que Chénier disait :

« On lui fait trop d'honneur de ne pas lui donner son titre de cardinal ; il eût mieux valu pour lui rester toujours l'abbé Maury. »

MM. Casimir Delavigne, d'Avrigny, Lebrun, Viennet et de Frayssinous se disputaient son héritage littéraire ; ce fut sur ce dernier que s'arrêtèrent les préférences de l'Académie. Une première fois déjà, après la mort de M. de Fontanes, elle avait jeté les yeux sur lui ; mais soit modestie, soit incertitude du succès, il avait alors décliné cet honneur et laissé la place libre à M. Villemain.

Ce que fut M. l'abbé Frayssinous, ce que furent ses triomphes oratoires aux Carmes et à Saint-Sulpice, ses Conférences tant vantées, l'enthousiasme de la jeunesse de l'Empire et de la Restauration nous l'apprendra bientôt.

Né en 1765, à Curières, village ignoré de l'Aveyron, Denis-Luc Frayssinous fut destiné de bonne heure par sa famille à l'état ecclésiastique. Ordonné prêtre en 1789, il fut attaché comme vicaire à l'une des plus pauvres Églises du diocèse de Rodez. Quand souffla la tempête révolutionnaire, il sut s'y soustraire, caché dans les montagnes de son pays natal. Au retour du calme, il s'était hâté de regagner son presbytère, mais une discussion avec son vieux curé le força à se séparer de lui, et il vint à Paris. A quoi tiennent donc les destinées humaines !... Sans cette discussion, assez futile d'ailleurs, et dans laquelle l'autorité donna raison à l'âge et à la hiérarchie, M. l'abbé Frayssinous eût vécu peut-être prêtre obscur de quelque Église de campagne ; il ne fût pas devenu l'orateur à la mode du faubourg Saint-Germain, chanoine et vicaire général honoraire de Notre-Dame, premier aumônier et prédicateur ordinaire du Roi, évêque d'Hermopolis, grand maître de l'Université, ministre des Affaires ecclésiastiques et de l'Instruction publique, comte et pair de France.

Quelles épreuves eut à traverser l'abbé Frayssinous avant d'atteindre à ces hautes dignités ?

Arrivé à Paris, où il était complètement inconnu, il fut heureux de trouver un asile au séminaire des Sulpiciens, et de payer l'hospitalité qu'il y recevait en professant, dans l'une de leurs maisons de la rue du Faubourg-Saint-Jacques, la théologie dogmatique. Bientôt il ouvrit pour la jeunesse, dans l'église des Carmes, sous le nom de Catéchisme raisonné, une instruction qui fut très suivie et éveilla l'attention publique.

Des Carmes il transporta ces instructions à Saint-Sulpice, en leur donnant le titre de *Conférences*, et la forme plus élégante de discours. Cette fois la chaire du nouvel apôtre fut assiégée, et tout Paris voulut entendre sa parole. « Tandis que les regrets donnés à l'ancien régime amenaient à ces conférences la noblesse du faubourg Saint-Germain, la haine du despotisme impérial et l'amour de toute espèce d'indépendance y rassemblaient la jeunesse des écoles (1). » Tous accouraient, et l'abbé de Lamennais écrivait : « Un orateur, l'abbé Frayssinous, semble être suscité par la Providence pour confondre l'incrédulité. »

Le succès et le retentissement furent immenses ; ils s'expliquent sans doute par le mérite de la prédication, par les qualités et les avantages de l'orateur, mais aussi par l'époque et les circonstances au milieu desquelles il se produisait.

Réunies plus tard par l'auteur sous le titre de *Défense du Christianisme*, ces conférences furent traduites en anglais, en allemand, en espagnol, en italien ; elles comptèrent en vingt ans quinze éditions, et l'un des critiques de la *Revue encyclopédique*, M. C. Anot, chargé de les apprécier, disait :

« C'est un ouvrage éminemment philosophique et religieux, » conçu avec force, écrit avec élégance, où l'on trouve, avec » les principes de Pascal et de Bossuet, une dialectique ner- » veuse, un style harmonieux et pur.... C'est un Code de doc- » trines qui s'appuie sur des preuves solides, que la religion » peut avec confiance présenter à ses amis et à ses ennemis. »

L'impression de ces conférences sur l'esprit de l'auditeur fut plus vive encore et plus profonde que sur celui du lecteur. Elles gagnaient dans la bouche de l'orateur ; sa voix, son geste, son regard, son animation, les avantages de sa personne contribuaient à les faire valoir. « Une taille bien prise, des yeux » d'une expression fine et magnifique, une chevelure ondoyante, » des mains suzeraines, comme dit Byron, une manière de por-

(1) *Revue encyclopédique*. Art. de M. Cyp. Anot.

» ter la tête et une démarche que bien peu d'évêques connais-
» sent à présent, une voix ferme, un ton d'autorité qui com-
» mandait le respect et invitait à la confiance, ajoutaient au
» mérite du discours (1). »

Enfin, l'orateur était venu à son heure ; c'était l'homme de son époque. Le Concordat avait réconcilié l'Église avec l'État ; les temples s'étaient rouverts, sous la protection du Gouvernement, aux cérémonies du culte catholique ; le *Génie du Christianisme* avait inauguré, pour les idées morales et religieuses, l'ère de la Renaissance ; las des fêtes de la déesse Raison, honteux des excès qui en avaient été le cortège, les hommes, témoins des saturnales de cette époque, revenaient aux croyances de leurs pères et demandaient à la religion des consolations et des espérances.... C'est dans cet état des esprits, et au milieu de ces tendances de l'époque, de ces aspirations de la société nouvelle que M. l'abbé Frayssinous se montra dans la chaire de Saint-Sulpice. Que l'on s'étonne maintenant de la vogue qui accueillit ses improvisations, de la foule qui se pressa autour de lui pour les entendre, des applaudissements qui faillirent plus d'une fois les interrompre, des éloges que lui prodiguèrent tous les écrivains du temps !

Commencées en 1803, les conférences se continuèrent jusqu'en 1809, année où elles furent suspendues par suite des démêlés de l'Empereur avec le Pape, et de certaines exigences du Gouvernement impérial. Reprises après la première Restauration, en 1814, elles furent closes définitivement en 1822.

Ces Conférences n'éloignaient pas l'orateur de la prédication ordinaire, et pendant quinze ans il aborda les chaires des principales villes de province et de la capitale, toujours avec succès.

En 1816, le dimanche de la Pentecôte, il prêcha, dans la chapelle des Tuileries, en présence du Roi, un discours très remarqué sur l'*Établissement de la religion chrétienne ;* l'année suivante, il prononça à Saint-Germain l'Auxerrois le 25 août, devant les membres de l'Académie, le panégyrique de Saint Louis, et,

(1) *Biographie du clergé contemporain*, par un solitaire.

en 1819, le jour anniversaire de la délivrance d'Orléans, dans la cathédrale de cette ville, l'éloge de Jeanne d'Arc.

Dès 1817, il avait été désigné pour prêcher l'Avent à la Cour, et cette station, à laquelle ne manquaient pas d'assister le Roi et la famille royale, avait été fort suivie. Quand, le lendemain de Noël, le prédicateur, après son dernier sermon, alla prendre congé de Louis XVIII, celui-ci lui exprima en termes obligeants sa satisfaction. Se rappelant les compliments que Louis XIV, son aïeul, savait faire à Bourdaloue et à Massillon : « Monsieur l'abbé, » lui dit-il, votre présence aujourd'hui ne m'est plus aussi agréa- » ble qu'il y a quelques semaines, puisqu'elle m'annonce la fin » de votre station. »

La mort du vieux prince de Condé ouvrit à l'abbé de Frayssinous la carrière de l'oraison funèbre. Tout en restant loin des modèles du genre, ses compositions ne sont dépourvues ni de noblesse, ni d'élévation, ni d'élégance, et les oraisons funèbres du prince de Condé, du cardinal de Périgord, archevêque de Paris, et du roi Louis XVIII rappellent, dans certaines parties, les qualités affaiblies des maîtres. M. le comte Lanjuinais a pu reprocher à l'orateur, au point de vue politique, « de n'avoir » trouvé rien à dire sur le plus beau titre de gloire du feu roi devant » la postérité ; de n'avoir pas daigné nommer l'acte fondamental » de toutes nos libertés (1) ; » mais, au point de vue oratoire, il faut reconnaître que le panégyriste sut tirer parti de la matière qu'il avait à traiter ; que les événements du règne qu'il racontait sont bien présentés, tous les faits habilement groupés, et que cette production ne manque ni d'intérêt, ni de correction, ni parfois de sensibilité. Sans vouloir comparer Monseigneur d'Hermopolis ni à Bossuet, renonçant à célébrer, après la grandeur de Condé, d'autres grandeurs, « et réservant pour le troupeau » qu'il devait nourrir de la parole de vie les restes d'une voix » qui tombe et d'une ardeur qui s'éteint ; » ni à Massillon, commençant l'éloge du grand roi par ces admirables paroles : « Dieu » seul est grand, mes frères ! » la péroraison de l'oraison funèbre

(1) Article de M. le comte de Lanjuinais, dans la *Revue encyclopédique* de 1824.

de Louis XVIII prouverait, à elle seule, qu'il avait étudié ces modèles et n'était pas un disciple trop indigne de ces maîtres.

« Le Dieu qui frappe, disait-il, est aussi le Dieu qui console... Chrétiens, écoutons les leçons que nous donne cette pompe funèbre. Le palais des rois a quelque chose d'éblouissant; la grandeur y jette un éclat qui en cache la fragilité; tout y est illusion, jusqu'au moment où la mort vient dissiper le prestige et mettre à découvert le néant de tout ce qui est humain. C'est au même lieu où le monarque, entouré des grands de sa cour, de ses vaillants capitaines, des premiers hommes de l'État, recevait les hommages de ses peuples et ceux des envoyés de l'Europe entière, c'est dans ce même lieu qu'étaient déposés ses restes inanimés; et, chose frappante! c'est sur son trône même qu'était placé son cercueil...

» Mais qu'est-il besoin d'aller chercher ailleurs que dans cette enceinte des exemples de la caducité des choses humaines? Nous l'avons vue, cette basilique, remplie de tombes royales, de mausolées, de colonnes, d'inscriptions qui étaient comme la chronologie sensible des races de nos rois et des divers âges de la monarchie. Mais ce que le temps avait épargné, la fureur des hommes l'a détruit. Ces monuments ont disparu; les tombeaux ont été violés; les cendres de quarante générations de rois ont été profanées. Tout cela ne vivra plus que dans l'histoire : même il viendra ce jour, qui n'aura pas de fin, où l'histoire ne sera plus, parce qu'il n'y aura plus de temps, jour qui seul est digne, mes frères, de fixer les désirs de vos âmes immortelles...

» Puissé-je moi-même après avoir paru, sans doute pour la dernière fois, dans la chaire chrétienne, en descendre, pénétré de cette pensée, qu'il n'est rien de grand que Dieu, et rien de stable que l'éternité. »

1824 et 1825 furent pour M. de Frayssinous des années de hautes faveurs. Déjà évêque d'Hermopolis *in partibus*, il devint presque en même temps grand maître de l'Université, ministre des affaires ecclésiastiques et de l'instruction publique, membre de l'Académie, comte et pair de France...

En renonçant à la chaire, Monseigneur d'Hermopolis s'était donné, sans le soupçonner peut-être, un successeur qui devait l'effacer. Le premier acte de ses fonctions épiscopales avait été la tonsure conférée à M. de Ravignan, jeune magistrat plein d'avenir, qui rompait avec le monde et abandonnait le Palais pour l'Église.

Lorsque l'Académie appela M. de Frayssinous à siéger dans

son sein, son choix était justifié par des titres véritables. Les *Conférences* du prédicateur de Saint-Sulpice, ses discours, ses panégyriques, ses oraisons funèbres, son ouvrage : *Des vrais principes de l'Église gallicane*, de nombreux articles de critique dans les *Débats*, le *Spectateur français* et l'*Ami de la Religion* expliquaient le choix de la savante Compagnie.

Ce fut le 28 novembre 1822 qu'eut lieu la séance de réception du nouvel élu. Elle fut des plus brillantes ; Mme la duchesse de Berry y assistait et toutes les célébrités ecclésiastiques, politiques et gouvernementales s'y étaient donné rendez-vous. M. le comte Bigot de Préameneu, ancien ministre des cultes de l'Empire, qui répondit au récipiendaire, sut maintenir l'égalité académique ; plus ferme et plus indépendant que Fontenelle et l'abbé Sicard vis-à-vis de MM. les cardinaux Dubois et Maury, il appela *monsieur* Monseigneur d'Hermopolis, comme tous les collègues au milieu desquels venait s'asseoir le dernier nommé (1).

(1) Le nom de M. le comte Bigot de Préameneu nous rappelle que nous avons lu quelque part, sans y attacher d'ailleurs beaucoup de créance, que l'empereur Napoléon prenait quelquefois plaisir à appeler à certaines fonctions de l'État ou de sa Maison des hommes dont les noms contrastaient avec ces fonctions. Ainsi il avait nommé M. Bigot, ministre des cultes ; le maréchal Lannes, colonel des Suisses et Grisons ; Gardane, gouverneur des pages ; Jean Bon, préfet de Mayence, etc., etc.

L'auteur apocryphe auquel nous empruntons cette citation ajoutait que Napoléon aimait aussi, à l'occasion, les jeux de mots, et il en rapporte plusieurs.

Voyant un jour deux de ses généraux qui venaient à lui : « Duroc, dit-il au grand maréchal du Palais, voyez, c'est Lannes et le général Kilmaine. »

Une autre fois, après la reddition de Dantzig, voulant récompenser le maréchal Lefebvre de la large part qu'il y avait prise, il le nomma Duc, mais il désira être le premier à lui annoncer cette faveur impériale. Il donna l'ordre, quand le maréchal se présenterait, de l'annoncer sous son nouveau titre de duc de Dantzig. Ainsi fut fait ; mais le maréchal, surpris, s'arrêta, en regardant l'Empereur : « Avancez donc, lui dit Napoléon, en lui tendant affectueusement la main ; d'où vient votre étonnement? quand je fais un duc, ce n'est pas un conte... »

Nous ne savons si l'Empereur se permettait en plaisantant les calembours, mais nous avons souvenance qu'un calembour faillit entraîner la disgrâce d'un conseiller d'État. On discutait sérieusement au Conseil le titre *du Mariage*, et l'on se demandait par quels moyens on pourrait forcer une femme à rentrer au domicile conjugal. L'un proposait l'emploi de la force armée, *manum militarem;* l'autre, la saisie du revenu ; l'Empereur lui-même, dans son langage de soldat, disait : *Le mari lui coupera les vivres!* Mais tous s'accordaient, avant de recourir à ces mesures de rigueur, à mettre la femme en demeure par une sommation. « Très-bien, dit M. T..., conseiller d'État, si la femme résiste, le mari *la sommera!* Le moyen est décisif. » Ce jeu de mots fit rire quelques voisins, mais l'Empereur fronça le sourcil, et son accueil pendant quelques mois prouva au fonctionnaire, dont il prisait d'ailleurs le talent, qu'il n'avait pas oublié l'inopportune plaisanterie.

En 1828, M. de Frayssinous, alarmé du résultat des élections que M. de Villèle, contre son avis, avait imprudemment provoquées, remit au Roi son portefeuille, et vécut dans la retraite. Bien qu'éloigné des affaires, il fut, dans plus d'une occasion, consulté par S. M. Charles X; ce fut ainsi qu'interrogé sur les ordonnances de Juillet, il les désapprouva énergiquement.

La Révolution de 1830, qui ne le surprit qu'à demi, le trouva retiré dans son pays natal. Il le quitta pour aller à Prague, sur l'invitation du Roi, présider à l'éducation du jeune duc de Bordeaux; mais aussitôt que cette dernière mission, confiée à son dévouement, fut remplie, il se hâta de regagner ses montagnes de l'Aveyron. Ce fut là que la mort, à laquelle il s'était dès longtemps préparé, vint le saisir à soixante-seize ans.

IX

ET.-D. PASQUIER, CHANCELIER DE FRANCE

1842-1863

M. le duc Pasquier (Étienne-Denis), destiné à occuper à l'Académie le fauteuil du défunt, n'avait que deux ans de moins que M. de Frayssinous, et il devait cependant lui survivre plus de vingt ans. Né en effet à Paris, en 1767, M. Pasquier y est mort en 1863, dans une vieillesse exceptionnelle, qui rappelle celle de Fontenelle.

M. Pasquier appartenait à une famille de robe; il comptait parmi ses ancêtres Étienne Pasquier, l'auteur des *Recherches sur la France*, le défenseur de l'Université et le rude adversaire des Jésuites. Son père et son grand-père furent l'un et l'autre conseillers au Parlement : le dernier eut le malheur d'attacher son nom à l'arrêt de condamnation du chevalier de la Barre et à l'exécution du comte de Lally; le premier mourut sur l'échafaud révolutionnaire, avec plusieurs membres de sa Compagnie.

Fils et petit-fils de magistrats, il devint conseiller lui-même, à vingt ans, avec dispenses d'âge, presque au sortir du collège de Juilly, où il avait fait de bonnes études. C'est à peine si la Révolution lui laissa le temps de s'asseoir sur les fleurs de lis; le décret de la Constituante, qui dispersa les Parlements, le rendit à la vie privée; éloigné de Paris, et caché dans une modeste retraite, il sut se faire oublier pendant la tourmente et traverser, obscur et ignoré, les jours du Directoire et du Consulat. Ce ne fut qu'au commencement de l'Empire qu'il revint à la vie publique.

Grâce à un nom parlementaire, à un dévouement absolu au régime impérial, à la puissante protection de l'archi-chancelier Cambacérès, M. Pasquier fut attaché au Conseil d'État. Un décret de 1806 le nomma, en même temps que MM. Portalis et Molé, maître des requêtes. A quelques années de là, il devint conseiller d'État, procureur général du sceau des titres, et, lors de la disgrâce de M. le comte Dubois, après la catastrophe de l'hôtel du prince de Schwartzenberg, préfet de police.

Cette Magistrature, à l'ombre du ministère de la police générale, était plus administrative et judiciaire que politique. Elle n'avait ni l'importance, ni les développements qu'elle a reçus depuis. M. Pasquier l'exerça pendant quatre ans et y fit preuve d'intelligence et de capacité. Son habileté, toutefois, fut mise en défaut par la tentative du général Malet qui, du fond d'une prison, put, durant plusieurs mois, à l'insu de la police, réunir et nouer tous les fils d'une conspiration, et la mener presque jusqu'à l'heure du succès, sortir de la Force, et, ce qui était plus piquant, y faire écrouer, à sa place, les deux hauts fonctionnaires chargés de prévenir ses menées. MM. Savary et Pasquier en furent quittes pour une détention de quelques heures, mais, quand ils furent rendus à la liberté, Paris ne put s'empêcher de rire de leur mésaventure, et, comme tout finit chez nous par des chansons, des plaisanteries et des jeux de mots, chacun disait qu'ils avaient bien mérité du Gouvernement impérial, et que, pour le sauver, *ils avaient fait un grand tour de Force.* Nous n'oserions affirmer qu'ils ne furent pas aussi chansonnés.

Les plaisanteries et les chansons n'étaient rien auprès de la mauvaise humeur du maître. Le ministre fut destitué, le préfet sut se faire pardonner, et conserva sa préfecture jusqu'en 1814, où la Restauration, dont il s'était préparé les bonnes grâces, la lui reprit, en lui donnant en échange la direction générale des Ponts et chaussées.

Les Cent-Jours le laissèrent sans emploi, soit, d'après les uns, qu'il eût vainement sollicité, soit, d'après les autres, qu'il eût décliné toute proposition. Toujours est-il que l'abstention devenait un nouveau titre aux yeux de la Légitimité; aussi la seconde Restauration s'empressa-t-elle d'appeler dans ses conseils l'ancien préfet de police de l'Empire; M. Pasquier fut nommé garde des sceaux au lendemain de Waterloo, dans le ministère de M. de Talleyrand,

Ici commence, à vrai dire, la vie politique active de M. Pasquier. Les départements de la Seine et de la Sarthe l'envoyèrent comme député à la Chambre *introuvable*, dont l'ultra-royalisme effraya la modération de Louis XVIII, qui se vit contraint de la dissoudre. Membre de la Chambre de 1816, qui lui succéda, M. Pasquier eut l'honneur de la présider jusqu'à ce qu'il redevînt ministre. Sous M. le duc de Richelieu (1817-1818), il reprit les sceaux des mains de M. de Barbé-Marbois, et il reçut de M. Decazes (1819-1821) le portefeuille des affaires étrangères. De 1815 à 1823, il prit, soit comme député, soit comme ministre, une part des plus actives à la discussion de toutes les lois importantes. Nous le trouvons à la tribune, parlant sur l'*amnistie*, sur *les cris séditieux*, sur *les cours prévôtales*, sur *la censure*, sur *la liberté de la presse*, sur *la liberté individuelle*, sur *les élections*, etc.

Sans être un orateur de premier ordre, M. Pasquier avait un remarquable talent de parole. Par la facilité, et quelquefois l'abondance de son improvisation, par la fécondité de ses ressources, par son sang-froid et sa présence d'esprit, il fut souvent pour les siens un puissant auxiliaire, et pour l'opposition un dangereux adversaire. Les nécessités de la situation le trouvaient toujours prêt, et plus d'une fois il lui arriva d'aborder la tribune sans préparation, et d'y rester sans désavantage plus ou moins longtemps, suivant qu'il fallait hâter ou retarder un vote, formuler sur l'heure ou ajourner au lendemain une réponse à une attaque du général Foy, de Manuel ou de Benjamin Constant. Maître du terrain sur lequel il marchait sûrement, tantôt il flattait ses auditeurs, pour les amener par la persuasion à ses idées; tantôt il leur imposait de vive force son opinion; ici, il cachait les choses sous la phraséologie des mots, là, rejetant les artifices et les déguisements du langage, il appelait crûment les choses par leur nom. C'est ainsi qu'à l'occasion de la loi qui suspendait la liberté individuelle, à cette interpellation : C'est l'arbitraire que vous demandez, il répondit résolument :

« Oui, je demande l'arbitraire, parce que, quand on sort de la légalité, ce ne peut être que pour un but important, pour un grand objet à remplir. Nul inconvénient n'est plus grand que celui de l'arbitraire déguisé, introduit dans un Gouvernement libre. C'est alors véritablement la corruption de toutes les constitutions ; au contraire, l'arbitraire nettement exprimé, peut être un remède salutaire dans de grands périls. Les hommes ne sont pas les maîtres de reculer devant les lois d'exception, parce que les lois sont commandées par les circonstances d'exception qui se produisent malgré eux et en dépit de leur volonté.

» Il faut encore ajouter que les lois d'exception n'appartiennent qu'aux gouvernements libres, et qu'eux seuls ont le droit d'en avoir, si je puis me servir de cette expression. Qu'arrive-t-il en effet dans les gouvernements plus ou moins absolus? La puissance publique y est si terriblement armée, même dans l'État le plus ordinaire, qu'elle n'a jamais rien à demander à la législation ; mais, dans les gouvernements libres, la puissance publique est constituée de manière à porter un tel respect à la liberté des citoyens, que, quand viennent les événements extraordinaires, elle doit demander secours à la législation.

» Voilà le principe et l'histoire des lois d'exception. »

M. Pasquier était de l'école de M. de Talleyrand. Comme lui, il était impassible devant toutes les attaques; son visage ne trahissait jamais ses impressions, et son calme était inaltérable. Tandis que ses adversaires le harcelaient à la tribune, ou il affectait un air distrait, ou il les écoutait les bras croisés et les yeux fermés.

Après six années de luttes parlementaires, à l'avènement du ministère Villèle, M. Pasquier fut nommé pair de France. Au palais du Luxembourg il se rapprocha de l'opposition, et vota avec elle contre le *droit d'aînesse, le sacrilège, la loi de tendance* et *la conversion de la rente.*

La révolution de 1830 le trouva prêt à lui donner son concours. Il avait servi l'Empire, la Légitimité, il pouvait bien servir la quasi-légitimité; un serment de plus n'était pas un poids pour sa conscience. N'était-ce pas lui qui avait dit dans l'intimité que « le serment politique était une contremarque pour rentrer au spectacle (1)? » Il prêta donc sans scrupules serment au roi Louis-Philippe, qui le fit président de la Chambre des pairs, duc et chancelier de France. En échange de ces dignités, il apporta au nouveau Gouvernement, « avec sa fatigue » politique, son dégoût du présent, sa crainte de l'avenir et » ses regrets du passé, son désir de consolider le pouvoir, sa » haute capacité et sa science des affaires, cette manière » prompte et vive de saisir les questions, de diriger les débats, » cette puissance qui s'empare d'une assemblée, lui arrache » une décision, alors même qu'elle n'est point encore arrêtée, » et pousse ainsi un corps politique qui ne veut par marcher (2). »

C'est sous sa présidence que la Chambre, devenue Cour de Justice, eut à connaître des procès des ministres de Charles X, des accusés d'Avril, d'Alibaud, de Fieschi, de Barbès, du Prince L.-Napoléon, de MM. Teste et Despans-Cubières, et tous les partis rendirent hommage à sa fermeté, à son impartialité et à son habileté à diriger des débats souvent pleins de passions et d'orages.

A soixante-quinze ans, M. le duc Pasquier eut la fantaisie d'être de l'Académie, et l'Académie s'empressa de lui ouvrir ses rangs, le préférant à l'auteur de *Chatterton*. Ce n'était point à l'écrivain qu'elle accordait cette distinction, car M. le duc Pasquier n'était que l'éditeur de l'*Interprétation des Institutes,* manuscrit de son aïeul du XVIe siècle, et il n'avait écrit qu'un vaudeville, en collaboration avec M. le marquis de Redon, un

(1) Ce mot a été aussi attribué à M. de Talleyrand.

(2) *Revue des Deux Mondes* de 1834, *Statistique parlementaire*, par un pair de France.

Éloge de Cuvier, et des *Mémoires*, encore inédits. Ce n'était pas non plus à l'orateur, car, malgré certaines qualités, il ne s'était jamais élevé au premier rang, et n'avait pas la prétention d'être, comme son ami et son collègue, M. de Serre, l'un des représentants de l'éloquence parlementaire. Ce n'était pas même au grand seigneur, car il descendait d'un crieur au Châtelet (1), c'était au haut dignitaire, « à l'homme vieilli dans les » luttes de la vie publique, au fonctionnaire en possession de » l'une de ces situations honorablement acquises, qui témoi» gnent de quelques services rendus dans des carrières où le bien » public veut qu'aucun encouragement ne soit refusé ; c'était » à l'ami des lettres, zélé pour tout ce qui doit en assurer, en » accroître la splendeur (2). » C'est ainsi que M. le duc Pasquier expliquait lui-même sa nomination, et il disait vrai, car il avait toujours aimé les arts, les lettres et ceux qui les cultivaient.

Autrefois, l'un des habitués du cercle de Mlle Contat, le conseiller d'Etat de l'Empire avait vécu au milieu des artistes et des écrivains, et le ministre de la Restauration n'avait répudié ni les goûts ni les habitudes du fonctionnaire impérial. Il assistait volontiers à une matinée où devait se faire entendre un talent encore inconnu à Paris, à une soirée où un auteur devait lire une pièce nouvelle. Il était un charmant causeur de salon, devant lequel se taisaient les plus spirituels. Pendant plus d'un demi-siècle, il avait été mêlé à tant d'événements, avait connu tant de personnages, vu tant de figures et soulevé tant de masques, qu'un nom prononcé ou un fait rappelé devant lui suffisaient pour réveiller ses souvenirs, et alors, s'il voulait s'en donner la peine, évoquant le passé, « il charmait l'auditoire par » l'attrait d'une parole facile et élégante, d'un esprit judicieux

(1) C'est au moins ce que prétendait Voltaire. Ecrivant à M. d'Argental, le 22 janvier 1775, et lui parlant, — c'était sa continuelle préoccupation, — de la condamnation du chevalier de la Barre : « Nous verrons, lui dit-il, si Pasquier, petit-fils d'un crieur du Châtelet, s'est immortalisé en rapportant au Parlement le procès de six mille pages, pendant que le premier président dormait. Nous verrons si *le bien jugé*, qui n'a passé que de deux voix, n'est pas le plus infernalement mal jugé du monde... »

(2) Discours de réception de M. le duc Pasquier.

» et fin, d'une mémoire heureuse et fraîche, toute pleine de » faits sérieux ou légers, d'anecdotes piquantes, de souvenirs » émouvants, mélangeant avec un rare bonheur d'expression et » de pensée le grave au doux, le plaisant au sévère (1). » Seulement dans les dernières années, la surdité du conteur donna quelquefois lieu à de singuliers quiproquos; il lui arrivait de raconter tout haut et pour toutes les oreilles ce qu'il croyait et aurait dû ne dire que tout bas pour celles de ses interlocuteurs.

Mais c'en est assez sur M. le chancelier duc Pasquier; aussi bien avons nous hâte de laisser, pour son éloge, la parole à son successeur, et d'arriver enfin à M. Dufaure (2).

X

M. DUFAURE

1863-1879

Voici le dernier portrait de sa galerie; c'est le sien, celui du possesseur actuel, et ce n'est pas le moins difficile à peindre.

Quand nous l'entreprîmes, en 1864, à la veille de la réception du titulaire, des difficultés de plus d'un genre se dressaient devant nous; elles venaient à la fois du peintre, du modèle, de leur entourage, du milieu dans lequel ils vivaient.

M. Dufaure était alors, depuis douze ans, avocat du barreau de Paris, et pour la seconde fois bâtonnier de l'Ordre. Chaque jour, le peintre et le modèle se rencontraient au Palais; ils vivaient d'une vie commune et confraternelle; or, le peintre pourrait-il, écartant le souvenir de ces relations quotidiennes, peindre avec impartialité son modèle?

Comme tout homme de talent, comme tout homme politique,

(1) *Galerie des Contemporains illustres*, par un homme de rien.

(2) Par une singulière coïncidence, M. le duc Pasquier avait succédé à Mgr d'Hermopolis, et voici qu'à 36 ans de distance M. d'Audiffret-Pasquier, neveu et fils adoptif de l'ancien chancelier, succède à M. Dupanloup, évêque d'Orléans.

Mon cher Monsieur [illegible]

Je me proposais d'aller vous demander mes pauvres amis le baron [illegible] pour quelques cigares au général Lamoricière. Veuillez me dire où je trouverais du bon, dans quel [illegible] faut-il les demander? que coûtent-ils?

Je [illegible] aujourd'hui absolument embarrassé de votre soirée [illegible] que vous vous offrez une place à une table de whist.

Votre tout dévoué

J. Dufaure

Dîner [illegible]

LETTRE AUTOGRAPHE DE M. DUFAURE

M. Dufaure avait ses partisans et ses adversaires, ses amis et ses ennemis ; or, la critique ne devrait-elle pas paraître aux uns du dénigrement, et aux autres l'éloge ne semblerait-il pas de la flatterie ? Nous avions donc raison de trouver difficile à faire le portrait que nous entreprenions. Nous le fîmes, cependant, en nous efforçant de passer au milieu de ces écueils.

Aujourd'hui, ces embarras d'alors ont disparu. Depuis longtemps déjà, M. Dufaure a renoncé au barreau, et l'heure de la retraite a sonné pour l'auteur de sa biographie. Ce n'est plus un confrère sur lequel nous avons à dire notre opinion ; c'est une grande figure politique, un homme d'État considérable, mêlé depuis près d'un demi-siècle aux affaires de son pays, c'est presque un personnage historique que nous avons à étudier. Pour juger sa longue carrière, nous nous sentons désintéressé, sans sévérité comme sans faiblesse, laissant parler les faits, acceptant d'eux le blâme ou l'éloge, et cherchant avant tout la vérité.

M. Dufaure est un homme de valeur et de grande valeur ; il faut reconnaître toutefois que les circonstances ont bien servi son talent, et qu'il a trouvé dans le hasard un heureux auxiliaire. La fortune, après laquelle tant de gens courent sans l'atteindre, est venue d'elle-même au-devant de sa jeunesse, et lui a laissé à peine le temps de former un vœu.

Élève de l'École de droit de Paris, où il eut pour condisciples MM. Chaix-d'Est-Ange et Vivien, M. Dufaure, à peine reçu avocat, prit place au barreau de Saintes ; c'est un tribunal de la Charente-Inférieure, dans le ressort duquel se trouvait Saujon, village où il était né en 1798 (1). Une affaire de quelque importance l'ayant conduit à la Cour de Bordeaux, il y conquit de prime abord les suffrages de son auditoire, et surtout des hommes du métier qui l'écoutaient, et avaient pu mieux l'apprécier que le public.

Le talent de M. Dufaure, en effet, s'adresse moins à la foule

(1) M. Dufaure (Jules-Armand-Stanislas) est né le 4 décembre 1798 ; a-t-il, pendant quelque temps, plaidé au Tribunal de Saintes, comme nous le disons, sur la foi de quelques-uns de ses amis, ou a-t-il débuté à la Cour de Bordeaux, ainsi que nous l'ont assuré quelques autres ? Nous ne savons ; c'est, du reste, un fait assez insignifiant et que, malgré nos informations, nous n'avons pu vérifier.

qu'au magistrat et au jurisconsulte ; ce talent n'a point eu de jeunesse, et a mûri tout de suite ; et s'il faut en croire les révélations de l'amitié, le débutant de 1820 avait, sauf l'expérience et les connaissances acquises par l'étude, toutes les qualités que nous retrouvions dans le bâtonnier de 1864. C'était la même sobriété de développements, la même méthode, la même clarté, la même vigueur de dialectique ; alors, comme aujourd'hui, « son arme était l'argumentation, et il excellait déjà à la manier; » alors, comme aujourd'hui, il maîtrisait les questions de droit, » les prenait par tous les bouts, les divisait, les séparait, les » déplissait en quelque sorte, et les nettoyait à fond (1). »

Son succès devant la Cour et les instances de ses amis le déterminèrent à quitter le tribunal de Saintes et à grossir les rangs du barreau de Bordeaux.

Ce barreau tenait alors la tête des barreaux de province ; fier du souvenir de ses Girondins, riche des noms de Desèze, de Ferrère, de Laîné, de Ravez, de Martignac, et d'autres encore, il brillait par le nombre et par l'éclat de ses orateurs. A peine M. Dufaure s'y fut-il montré, que la clientèle et la réputation vinrent à lui ; quelques procès et quelques mois suffirent pour faire goûter et tenir en haute estime par la magistrature et ses confrères sa manière de plaider, moins brillante que solide, moins riche d'images que d'arguments. Il n'avait pas dix ans d'exercice et trente-deux ans d'âge qu'il était nommé par ses pairs bâtonnier de son Ordre.

Les mêmes succès et la même fortune l'attendaient à Paris. Jeté au barreau parisien par le flot révolutionnaire, comme une épave du coup d'État, M. Dufaure apportait, il est vrai, à ses nouveaux confrères, une grande situation politique, son illustration parlementaire, sa célébrité de tribune, et le souvenir de services rendus à la chose publique, mais, en dehors de la politique, il était inconnu de la plupart d'entre eux ; depuis vingt ans, il était étranger aux luttes du Palais, et cependant, à peine les barrières légales qui lui fermaient l'entrée du Conseil furent-elles tombées, qu'il y fut appelé par 335 suffrages, et que, dès

(1) Timon, *Études sur les Orateurs parlementaires.*

le lendemain, chose inouïe dans les annales de l'Ordre, il était proclamé bâtonnier !...

La réussite de ses débuts, les sympathies qui avaient entouré ses premiers pas, les honneurs professionnels qui lui avaient été décernés ne suffisaient pas à la légitime ambition de M. Dufaure ; la vie politique avait pour lui des séductions auxquelles il ne résista pas. Le renouvellement du Parlement, en 1834, et la mort prématurée de M. Eschassériaux (1) vinrent à propos pour donner satisfaction à ce nouveau désir : le collège électoral de Saintes lui confia la mission de le représenter, et ce mandat, continué pendant trente ans, permit à l'élu de siéger à la Chambre, sous Louis-Philippe ; à la Constituante, sous la République ; à la Législative, sous la présidence du prince Louis-Napoléon ; à l'Assemblée de Bordeaux, avec M. Thiers ; à celle de Versailles, avec le maréchal de Mac-Mahon.

Il est rare qu'un homme politique ne songe pas à devenir homme d'État, homme de gouvernement ; M. Dufaure fit comme ceux qui l'avaient précédé, et comme ceux qui le suivront dans la même carrière ; la tribune fut pour lui le chemin du ministère.

Il fut nommé vice-président de la Chambre, tour à tour avec l'appui du ministère, en 1840, et avec le secours de l'opposition, en 1845 ; conseiller d'État, en 1836, à l'avènement du ministère de M. Thiers ; ministre des travaux publics sous la présidence du vieux maréchal Soult, en 1839 ; puis de l'intérieur, en 1848, avec le général Cavaignac, et, en 1849, avec le prince Louis-Napoléon ; en 1871, avec M. Thiers, en 1875, avec le maréchal de Mac-Mahon, garde des sceaux, ministre de la justice.

(1) MM. Eschassériaux, de père en fils, avaient inféodé le collège de Saintes.

Joseph Eschassériaux, gendre de l'illustre Monge, avait été, tour à tour, membre de la Législative, de la Convention, du Conseil des Cinq Cents et du Tribunat.

René Eschassériaux, son frère, siégea, comme lui, à la Convention et aux Cinq Cents ; il fit en outre partie du Corps législatif, sous l'Empire, et de la Chambre des députés, sous la Restauration.

Enfin, Camille Eschassériaux, fils et neveu des deux précédents, était membre de la première Chambre élue en 1831, sous Louis-Philippe. Il mourut en 1834, à peine âgé de trente-trois ans, et c'est lui que remplaça M. Dufaure. Sans cette mort M. Dufaure aurait pu attendre longtemps sa nomination, et eût été sans doute obligé de la demander à un autre collège que celui de Saintes.

Enfin, rejeté pour un temps de la politique par les évènements, et revenu au Barreau, M. Dufaure s'est tourné vers les distinctions littéraires et a souhaité un fauteuil à l'Académie. Or, voilà qu'à point nommé, deux académiciens, et des plus illustres, sont poursuivis, rare événement! en police correctionnelle et obligés de se placer sous son patronage. Ils appuient, avec la chaleur de la reconnaissance, la candidature de leur patron, rallient autour d'elle leurs amis et les hommes de leur parti, et la font triompher, malgré l'opposition de l'éminent critique du *Constitutionnel*, M. Sainte-Beuve, et la protestation de huit bulletins blancs. Sans être écrivain ni grand seigneur; sans être dans les assemblées politiques l'égal de Mirabeau ou de Berryer; sans être au Barreau l'orateur aux périodes cicéroniennes et au style académique, comme MM. Bethmont et Jules Favre, M. Dufaure devint membre de l'aréopage littéraire.

Ainsi, M. Dufaure paraît au Barreau, et le succès accueille ses premiers pas; et, avant l'âge et le temps ordinaires, dans des circonstances exceptionnelles, il est nommé Bâtonnier de son Ordre, en province et ensuite à Paris. Il entre dans nos Chambres législatives, et, fort jeune encore, il est compté parmi les illustrations parlementaires; dans le monde gouvernemental, et il devient ministre, prend, quitte, reprend et garde le pouvoir sous quatre gouvernements; dans le monde des lettres, et son nom est inscrit sur le livre d'or de la noblesse de plume, parmi ceux des quarante immortels. Avions-nous raison de dire après cela que la fortune avait présidé aux destinées de M. Dufaure?...

Ce n'est pas que la fortune ait été aveugle, et son protégé, par bien des côtés, justifie ses faveurs.

Si cette définition d'un ancien est vraie : « C'est être éloquent que de savoir prouver, » M. Dufaure est peut-être l'avocat le plus éloquent du Barreau de Paris; mais si, au talent de prouver, l'éloquence doit joindre celui de persuader; si l'orateur doit, non pas seulement convaincre, mais encore remuer les passions, les diriger et les maîtriser à son gré, ouvrir à sa parole le chemin du cœur, M. Dufaure trouve autour de lui des rivaux et même des maîtres.

Ne lui demandez ni le charme de la voix, ni la grâce des avantages extérieurs, ni la variété du débit; ne cherchez dans sa composition ni le coloris du style, ni la richesse ou le pittoresque du langage, ni la hardiesse des images; n'attendez de lui ni chaleur, ni passion; mais si vous aimez une exposition nette et claire, une méthode sûre, qui sait mettre chaque moyen à sa place, une argumentation pressante et nerveuse, une parole simple et vraie, un talent sobre et contenu, toujours maître de lui, M. Dufaure sera votre homme, et vous ne vous lasserez pas de l'écouter. C'est aussi celui des magistrats, et nous nous rappelons ce que nous disait un jour de lui un conseiller, M. P..., habitué à bien juger les orateurs qui parlent devant lui : « Après l'éloge des qualités que chacun reconnaît à l'éminent avocat, je serais bien tenté de lui reprocher, disait notre spirituel interlocuteur, d'être trop logicien; sa dialectique ne vous laisse pas respirer et ne vous permet ni repos ni distraction; c'est assez de quelques minutes d'inattention pour vous faire perdre le fil du raisonnement. Ce n'est pas que nous lui préférions, ajoutait-il, ces discoureurs abondants qui se complaisent dans leur parole et reviennent trop fréquemment sur eux-mêmes; avec lesquels on pourrait, sans danger pour la justice, s'abandonner, au moins pour quelques instants, à une causerie intime, ou même à un léger sommeil réparateur, assurés qu'on serait de retrouver au réveil l'orateur à quelques pas à peine du point où on l'avait quitté. Mais entre la rapidité de l'un et les lenteurs des autres, entre la brièveté substantielle de celui-là et la stérile abondance de ceux-ci, n'y aurait-il pas un milieu à prendre, un progrès à réaliser? »

M. Dufaure, qui chaque matin devance le jour dans son cabinet, sait toujours bien ses procès; il n'est pas une pièce de ses dossiers, quelque volumineux qu'ils soient, qui ait échappé à son investigation. Par les aptitudes de son talent comme par les habitudes de sa nature, il aime les causes dont le succès est presque certain; différent de ces robustes athlètes que séduisent les obstacles, dont la résistance double les forces, et qui recherchent les périls de la lutte, sans les fuir, il est de préférence l'avocat des procès gagnés d'avance.

Au nom de M. Dufaure, comme avocat, se rattache le souvenir d'un grand nombre de causes célèbres recueillies par nos feuilles judiciaires. Faut-il rappeler ses plaidoyers contre Mme Pescatore; pour les héritiers du prince Eugène contre l'éditeur des *Mémoires* du maréchal duc de Raguse; pour Mgr le duc d'Aumale contre M. le préfet de police, et ses défenses de M. le comte de Montalembert, de Mgr l'évêque d'Orléans, de M. le marquis de Flers, etc., etc. ?

Qui n'étudierait M. Dufaure que comme avocat, ne le connaîtrait que par l'un des côtés de son individualité, il faut surtout l'étudier comme orateur politique et comme homme d'État, mêlé pendant quarante-cinq ans, ministre et député, à tous les événements qui ont agité le pays.

Il avait à peine trente-cinq ans quand il entra dans la vie publique. Quel était ce nouveau venu dans le monde de la politique, ce jeune député de la Charente-Inférieure; quel caractère, quelle nature, quelles qualités apportait-il à la Chambre, et quelles devaient être ses destinées?

M. Dufaure était l'homme « d'un système, non d'un parti, » du progrès tout à la fois et de la résistance, de la liberté et de l'autorité, des hésitations jusqu'à la faiblesse, de la fermeté jusqu'à l'entêtement ; passionné pour le pouvoir et sachant le quitter à propos ; nature généreuse, mais n'oubliant pas plus l'injure que le bienfait, amie de la vérité et de la flatterie, réfractaire à la foule, facilement malléable pour son entourage...

Orléaniste avec la quasi-légitimité, presque bonapartiste avec Louis-Napoléon, républicain avec le général Cavaignac, M. Thiers et le maréchal de Mac-Mahon, il fut, et toujours loyalement, ministre de tous ces gouvernements.

Arrivé au pouvoir avec M. Thiers, M. Dufaure en sortit avec lui, ne conserva que quelques mois ses fonctions au Conseil d'État, et s'en démit spontanément, voulant, fidèle aux traditions parlementaires de l'Angleterre, partager la disgrâce de son patron, et le suivre dans sa retraite.

Président du conseil en 1839, le maréchal Soult l'appela dans son ministère avec MM. Passy, Teste, Villemain, Duchâtel, et lui confia le portefeuille des travaux publics. A ce temps et à cette administration appartient la solution de l'une des grandes questions qui remuèrent la Chambre et à laquelle M. Dufaure prit une large part, celle de l'exécution des chemins de fer par les Compagnies ou par l'État.

Bien qu'il comptât dans les rangs de l'opposition, qu'il eût voté contre l'indemnité Pritchard et le droit de visite, contre les fortifications de Paris et l'admission dans la Chambre des fonctionnaires publics, soutenu de sa parole la coalition, M. Dufaure n'avait pas cessé de siéger au centre gauche et de marcher à la tête du tiers parti. Son opposition était sage et réservée; elle n'avait rien de systématique ni d'absolu. A l'approche de la Révolution de 1848, il s'était tenu à l'écart de l'agitation réformiste et de la propagande des banquets. Loin de vouloir s'associer à la proposition de MM. Odilon Barrot, Ledru-Rollin et Baroche de mettre le ministère en accusation, pour s'être opposé à celui du douzième arrondissement, il la blâma et dit assez haut pour être entendu : « C'est en laissant faire ce banquet que les ministres auraient mérité d'être mis en accusation. »

Deux jours plus tard, la révolution de Février éclatait.

M. Dufaure n'était pas un républicain de la veille, mais il devint de bonne foi, nous le croyons, républicain du lendemain, et se rallia franchement et sans arrière-pensée au nouveau Gouvernement. Les élections de 1848 prouvèrent qu'il avait conservé dans la Charente toute sa popularité, et 70,000 voix l'envoyèrent à la Constituante.

Des amis communs le rapprochèrent du chef du pouvoir exécutif. Le général Cavaignac ne pouvait que gagner à être vu de près : plein d'estime et de sympathie pour le caractère de ce dernier et la droiture de ses intentions, M. Dufaure accepta de sa main le ministère de l'intérieur, et quand vint l'élection présidentielle, il appuya de toutes ses forces sa candidature, « préférant un homme à un nom. »

Après le vote du 10 décembre, il garda son portefeuille et ne le remit au prince-président que quand « la politique de celui-ci, de parlementaire qu'elle était, devint personnelle. » Le ministre démissionnaire reprit sa place à la Législative, au milieu de ses amis de l'opposition, et se mêla à tous les travaux de la Chambre jusqu'au coup d'État du 2 décembre, qui le priva pour quelques jours de sa liberté et mit momentanément un terme à sa carrière d'homme public.

Comme ministre ou comme député, souvent rapporteur des projets les plus importants, il eut à soutenir à la tribune de vives et sérieuses discussions. C'est lui qui défendit les lois sur l'expropriation pour cause d'utilité publique, sur l'achèvement des routes et des canaux, sur les chemins de fer, sur le privilège de la Banque et l'établissement de ses Comptoirs, sur l'instruction secondaire, sur les conditions d'admission et d'avancement dans les emplois publics, etc. ; c'est lui dont le patronage couvrit le plus efficacement la Constitution de 1848, et qui repoussa avec le plus de vigueur les attaques dirigées contre elle.

Quelques puritains lui ont reproché de s'être associé, dans l'intérêt d'un pouvoir qui ne tarda pas à lui échapper, à la réaction qui suivit les événements du 13 juin 1849 et aux mesures de rigueur qui en furent la conséquence et qui atteignirent la liberté de l'enseignement, le droit de réunion, l'institution de la garde nationale, etc.

C'est à cette époque et au milieu des embarras de la situation qu'il lui fallait traverser qu'il nous a été donné de l'entendre le plus souvent à la tribune. M. Dufaure n'est point un orateur élégant et disert, insinuant et persuasif à la façon de M. de Martignac, mais un orateur net, précis, vigoureux, parlant comme personne la langue des affaires. Il n'est point l'homme du discours longuement élaboré et écrit avec soin, insoucieux qu'il est des délicatesses du style et des ciselures de la phrase, mais il est l'homme de la spontanéité et de l'improvisation, préparée toutefois par le travail rapide de la méditation.

Calme à son banc, il prête à la discussion une attention soutenue, toujours prêt à s'y mêler, et sa mémoire en retient, en les classant, les points principaux. Le débat s'égare-t-il, devient-il obscur et diffus, il suffit à M. Dufaure de quelques mots pour le faire rentrer dans sa voie et y ramener la lumière; dans ces occasions, sa parole est un phare brillant autour duquel la Chambre est empressée de se rallier (1).

Quand il parle, M. Dufaure n'a pas seulement la clarté et la précision, il a encore le nerf et la vigueur du dialecticien, la présence d'esprit qui ne redoute pas les interruptions, le sang-froid qui sait y répondre sur l'heure, et parfois l'élévation de la pensée et même de l'expression. Nous nous le rappellerons toujours à la séance de la Constituante du 14 septembre 1848, luttant sans désavantage contre MM. Billault et Lamartine.

Nos législateurs élaboraient alors la Constitution; MM. Mathieu (de la Drôme) et Martin-Bernard avaient proposé d'inscrire dans le préambule le droit au travail en faveur du prolétaire, et cette proposition avait été appuyée par M. Billault, et développée par lui avec toutes les ressources du talent. L'orateur regagnait sa place au milieu des applaudissements; le vent de la popularité soufflait sur l'Assemblée, elle hésitait et peut-être allait-elle céder et consacrer le droit au travail, quand M. Dufaure se lève et monte à la tribune.

Il commença, c'était une habileté oratoire, par désintéresser les sentiments de ses auditeurs, et par leur montrer que, quel que soit leur vote, ils n'auront à craindre ni l'impopularité ni le reproche d'abandonner les classes pauvres.

« Depuis que vous êtes réunis, leur dit-il, quelle a été pour vous tous, sans exception, la première de vos préoccupations, si ce n'a été tous les jours, à tous les moments, dans toutes vos délibérations, d'apporter des remèdes aux souffrances cruelles dont la société est actuellement affligée?

» Ce n'est pas une flatterie que j'adresse à l'Assemblée; c'est une vérité que je prends la liberté de proclamer devant elle, et que l'avenir proclamera comme je le fais. Y a-t-il jamais eu une Assemblée dans le monde qui ait, en si peu de temps, accordé aux souffrances des citoyens malheureux autant d'étude, autant de sollicitude inquiète, autant de mesures fraternelles que l'a fait l'Assemblée actuelle? Prenez toutes celles auxquelles vous voudrez attacher le plus de popularité; prenez

(1) Un député nous a raconté qu'un jour, après un débat de plusieurs heures, des plus diffus et des plus obscurs, malgré tous les efforts du président, M. Dufaure, presque à la fin de la séance, demanda la parole. — « Enfin..., dit M. Dupin, la discussion va donc commencer? »

celles qui se sont le plus distinguées ou par l'éclat du génie ou par l'ascendant de la force et de la puissance, il n'y en a pas une, je le répète, messieurs, que l'avenir doive mettre en comparaison avec celle-ci, pour l'attention constante et secourable accordée aux intérêts des parties souffrantes du monde social. »

Ces quelques paroles, suggérées à M. Dufaure par le discours auquel il répond, suffisent pour établir la sympathie entre lui et son auditoire, et une fois maître de l'attention, dégagé des préventions qu'il pouvait redouter, il saisit ses adversaires corps à corps, les presse de son argumentation, les enlace dans les replis de sa puissante logique, ne leur épargne aucune objection, et ne s'arrête que quand il a ramené l'Assemblée à son opinion et l'a convaincue qu'il faut, non pas créer en faveur de l'individu *un droit*, qui engendrerait une action contre la société, mais imposer à la société vis-à-vis de l'individu *des devoirs*, et à l'État une obligation d'assistance.

Développant cette distinction :

« Il fallait, dit-il, déterminer les rapports nécessaires de l'État envers les citoyens, et des citoyens envers l'État.

» Nous pouvions les envisager de deux points de vue différents : au point de vue du droit, au point de vue du devoir.

» La Commission, après mûre délibération, n'a pas hésité ; c'est du point de vue du devoir qu'elle vous a demandé de consacrer ces rapports. Un mot pour vous l'expliquer.

» Le sentiment personnel du droit est, certes, un sentiment respectable et sacré, et nous vous demanderons plus tard de le garantir.

» Mais pourtant ce sentiment est personnel ; il est un peu égoïste, il devient aisément exigeant, il s'emporte facilement aux exagérations, il s'enivre facilement de lui-même, il sépare les hommes plutôt qu'il ne les rapproche, il n'est pas dans la société un moyen d'union, il est plutôt une cause d'isolement et de division.

» Le devoir, au contraire, le sentiment du devoir porte avec lui l'idée d'abnégation personnelle, l'idée de sacrifice, l'idée de dévouement ; le sentiment du devoir, il crée toutes les grandes et bonnes passions ; le sentiment du devoir, il rapproche les hommes au lieu de les séparer, il unit, il fortifie les États, au lieu de les diviser et de les dissoudre...

» Tournez-vous vers la religion chrétienne, et c'est là son éternel honneur, elle vous apprendra des devoirs et non des droits. Elle a produit dans le monde la plus grande révolution sociale qui, jamais, y ait éclaté ; elle a affranchi le sujet de sa subordination aveugle et servile envers le souverain; elle a relevé la femme de l'humiliation dans laquelle elle vivait; elle a brisé les fers de l'esclave; elle a égalé le pauvre au riche. Comment a-t-elle fait cela? Est-ce en parlant au sujet, à la femme, à l'esclave, au pauvre de leurs droits? Non, c'est en parlant au souverain, au chef de famille, au maître, au riche, à tous, de leurs devoirs. »

Les esprits ainsi préparés, M. Dufaure, s'adressant à ses adversaires :

« Qu'est-ce que c'est, leur demande-t-il, que le droit au travail? Que signifie ce mot qui n'a jamais été écrit nulle part? Quel en est le sens, quelles en sont l'étendue et la portée?... »

Puis sa féconde dialectique multiplie autour d'eux les objections. Le droit reconnu et consacré équivaut à un contrat, à un engagement entre la société et l'individu; il donne naissance à une action. Or, contre qui s'exercera-t-elle? Sera-ce contre la société, contre le département, contre la commune, contre l'individu?

« Vous créez un droit, reprend-il, et passez-moi le mot, une sorte de servitude, c'est-à-dire que vous engagez entre celui à qui vous accordez le droit et celui ou ceux contre qui il l'exercera, une lutte, un antagonisme, tandis que nous, nous voulions faire, nous avons fait et nous demandions à l'Assemblée de faire de la société, de la société républicaine, une protectrice vigilante, toujours attentive aux misères de ses enfants, venant leur apporter des secours dans la limite de leurs besoins et dans celle de ses ressources; tandis que nous voyions ainsi s'établir ces rapports fraternels, si je puis m'exprimer ainsi, de la société à l'individu, vous avez vu, vous, toute autre chose. C'est un droit, c'est une action que vous donnez; c'est, il faut bien que j'aille jusque-là, un débat, une lutte, un procès que vous engagez entre l'individu à qui vous donnez le droit, et celui contre qui il l'exerce... »

Poursuivant, il demande à ceux qu'il combat quelle sera la nature du travail que l'ouvrier pourra réclamer de la société et dans quel lieu il pourra l'exiger. Si le droit est absolu, ce ne sera pas le travail que la société choisira, qu'elle aura à sa disposition, que sa prévoyance aura préparé, mais le travail qui conviendra à l'ouvrier et auquel ses habitudes l'auront rendu propre; ce ne sera pas dans un département éloigné, mais là où il a son domicile, où sont ses amitiés et sa famille, qu'il voudra être occupé. Enfin, ce droit au travail n'est rien autre chose qu'un droit au salaire qu'il faudra déterminer, et dès qu'il l'aura été, l'ouvrier, devenu créancier de l'État, pourra poursuivre l'État, et une lutte s'engagera entre le prolétaire qui usera de son droit individuel, et le Trésor, qui défendra les intérêts collectifs.

« Je ne dis là, continue M. Dufaure, que les moindres inconvénients de votre système ; il y en a un autre que je veux dire, et qui est le plus affreux de tous, le voici :

» Vous donnez une action à un individu ; il sait, malheureux qu'il est et sans travail, qu'il peut demander un salaire à la société, qu'elle est obligée de le lui donner. C'est un droit, une action, c'est absolument comme la créance qu'a un rentier pour venir toucher, tous les semestres, les arrérages de sa rente. Vous lui enlevez, n'en doutez pas, cette vertu de tout ce qui peut être exposé à souffrir, c'est-à-dire de toute créature humaine, la prévoyance. Vous lui enlevez toute l'émulation qui peut porter un homme à faire mieux que d'autres, pour avoir un avenir assuré ; vous lui enlevez cette ardeur respectable qui porte un homme à mériter la confiance et l'estime de ses concitoyens, pour les trouver, aux jours de malheur, bienveillants envers lui. Vous détruisez tous ces bons principes ; mais que créez-vous ?

» Quand l'ouvrier aura pris une fois l'habitude de travailler, comme on travaille pour l'État, avec un salaire assuré, infaillible, immanquable, le goût du travail s'en ira peu à peu ; il tombera dans l'indolence, dans l'oisiveté et dans tous les vices qui en sont la conséquence. Il y a plus, il donnera cet exemple à ses enfants ; vous aurez dans le pays, le dirai-je, une aristocratie de familles indolentes, que l'État salariera, qui augmentera chaque jour, qui ira en croissant, qui, d'un côté, ruinera la société, et qui, d'un autre côté, verra peu à peu amortir son courage, énerver toutes ses forces viriles, corrompre ses meilleurs instincts, en un mot, qui cessera bientôt d'être digne de porter ce beau nom de citoyen français, qu'il vaut mieux lui laisser avec tout son honneur ! »

Ce discours, qui était en même temps une bonne action, est l'un des plus remarquables qu'ait prononcés M. Dufaure. Il ne l'avait pas achevé qu'il avait réfuté les brillants sophismes de M. Billault et ramené l'Assemblée à son opinion. Il eut dans cette lutte l'honneur de défendre et de sauvegarder les véritables intérêts de la société, de faire graver au frontispice de la Constitution, au lieu de ces mots de guerre : *Droit au travail*, ces mots de conciliation : *Assistance fraternelle.*

Homme politique, M. Dufaure a souvent rencontré dans les faiblesses de son caractère et les défaillances de sa nature un obstacle aux désirs de son ambition : l'une des premières qualités, sinon la première de l'homme d'État, la décision, lui fait défaut. Il a toujours été l'homme des hésitations et des incertitudes, ne sachant prendre un parti que poussé à bout et à la dernière heure. N'est-ce pas ainsi qu'à l'occasion des élections de 1863, qui rendirent au Corps législatif MM. Thiers, Marie et Berryer, perplexe et incertain, n'acceptant ni ne refusant les candidatures qu'on lui offrait, il attendit jusqu'au dernier moment pour se prononcer? Il fallut chauffer une locomotive *ad hoc*, qui, franchissant à toute vapeur les distances, porta son serment aux collèges dont il sollicitait tardivement les suffrages. Si, au lieu de ces tergiversations qui firent échouer sa candidature, il eût, dès le principe, fait connaître nettement à la France électorale sa ferme volonté, il se fût rencontré, gardons-nous d'en douter, plus d'un collège qui, soucieux du talent, de la probité et des services rendus à la chose publique, eût été fier de l'élire, et d'acquitter ainsi, au nom du pays, la dette de la reconnaissance.

Il est toutefois une circonstance grave dans laquelle ni l'énergie ni la détermination ne firent défaut à M. Dufaure. Ce fut au 2 décembre, dans la réunion des représentants à la mairie du Xe arrondissement. Pareil aux conventionnels de 1793, qui apportaient leur tête comme enjeu de leurs opinions, ce jour-là M. Dufaure, comme Berryer, Grévy et quelques autres de ses collègues, ne recula devant aucun danger. Personnellement il se révéla tribun courageux et prêt à tout... Le discours qu'il prononça s'est gravé dans la mémoire de tous ceux qui l'ont entendu ; il n'en serait peut-être pas un seul qui ne pût le reproduire.

Le coup d'État lui ouvrit les portes de Mazas. Bientôt rendu à la liberté, il rentra dans la vie privée et s'y confina, oubliant le monde politique et s'en laissant oublier pendant 20 ans. Ce fut pendant ces 20 années, les plus heureuses de sa vie, a-t-il dit, que, tout entier à l'exercice de sa profession d'avocat, il conquit au barreau de Paris la première place ; mais il ne pardonna jamais au prince Louis-Napoléon ni son arrestation au 2 décembre, ni son brusque renvoi du ministère, le 31 octobre 1849.

Plus d'une fois on l'entendit répéter, en parlant des ministres de cette époque : *Chassés comme des valets !* et depuis lors, irréconciliable et, *æternum servans sub pectore vulnus,* il ne laissa jamais échapper l'occasion de faire de l'opposition à l'Empereur et à l'Empire, à l'homme et au système.

Les événements de 1870 le rappelèrent à la vie publique, et, aux premières élections de 1871, cinq départements l'envoyèrent, comme leur représentant, à la Chambre de Bordeaux. Entre la Gironde, la Seine-Inférieure, l'Hérault, le Var et la Charente-Inférieure, il opta pour ce dernier département, qui était le sien, et l'avait placé en tête de sa liste avec 90,000 voix.

M. Dufaure retrouva dans la nouvelle Chambre la situation et l'influence qu'il avait eues dans les anciennes Chambres.

Lors de la formation du premier ministère de février 1871, M. Thiers, qui le connaissait de longue date, lui confia les sceaux, avec la vice-présidence du Conseil, et trouva en lui un collaborateur rude, *hirsutus*, mais habile et dévoué. Nous ne savons quel écrivain de la presse périodique l'a comparé, non sans quelque justesse, au houx, « arbre utile, de service et de défense. »

Quand la conspiration réactionnaire de mai 1873 eut amené la chute de M. Thiers, M. Dufaure, qui était arrivé avec et par lui, partagea sa retraite. Mais il eut le tort de reprendre, pour la seconde fois, les sceaux en 1875 des mains de M. Buffet, devenu président du Conseil. Ce fut une faute que l'histoire lui reprochera, et qui prouve encore la faiblesse de son caractère et son amour pour le pouvoir, dont les années ne l'ont point guéri.

Cette faute, ne l'a-t-il point rachetée, d'ailleurs, par sa conduite et par ses conseils durant le règne de MM. de Broglie et de Fourtou ? Nous le croyons. Toujours est-il qu'après les élections républicaines d'octobre 1877, le maréchal de Mac-Mahon le nomma de nouveau ministre de la justice, avec la présidence du Conseil. Le discours-message, qui fut son œuvre, restera comme un programme complet des droits et des devoirs des divers pouvoirs de l'État, les uns vis-à-vis des autres.

M. Dufaure est depuis plusieurs années président du conseil général de la Charente-Inférieure et sénateur inamovible. Il a été à trois reprises garde des sceaux, honneur qu'il partage avec les deux seuls chanceliers Seguier et Daguesseau.

La politique l'a pris il y a près d'un demi-siècle. Lui-même est aujourd'hui plus qu'octogénaire, mais sa verte vieillesse a besoin des luttes de la tribune et des agitations de la vie parlementaire ; elle a surtout besoin du pouvoir.

M. Dufaure l'eût probablement gardé longtemps encore sans la brusque démission du maréchal de Mac-Mahon. Il a cru, — et c'est encore là une des habiletés de l'homme d'État, — devoir le suivre dans sa retraite, non par affection pour sa personne, ni par sympathie pour ses théories gouvernementales ; non qu'il crût « à la nécessité d'hommes nouveaux pour une situation nouvelle, » mais, arrivé aux limites de l'âge, atteint dans ses affections intimes par la mort de la noble compagne de sa vie, craignant d'être emporté trop vite et trop loin par les événements, et obligé de frapper une magistrature qu'il avait jusque-là soutenue, il a préféré la retraite aux exigences de la politique ; il n'a pas voulu se faire l'exécuteur des hautes œuvres de la Chambre.

La fortune l'a servi encore dans cette occurrence, et il a su en profiter.

C'est en plein triomphe, en pleine popularité, après un dernier succès de tribune et un ordre du jour de confiance, malgré les efforts du nouveau Président pour le retenir, qu'il est volontairement descendu du pouvoir (1). Il l'avait accepté pour la

(1) Dans la séance de la Chambre du 20 janvier dernier, M. Dufaure avait obtenu un vote de confiance, après un discours qui avait enlevé les suffrages et le vote de l'Assemblée.

C'est dans ce discours qu'il disait, rappelant ses titres à la confiance des républicains : « Personne plus que moi n'est attaché au gouvernement de la République.

dernière fois en décembre 1877, apportant le manifeste qui faisait amende honorable de l'erreur du 16 Mai, et proclamait les véritables principes du gouvernement parlementaire ; il l'a gardé durant un an, honnêtement exercé, et noblement déposé, en faisant auparavant triompher encore ces principes d'une velléité de résistance personnelle.

Était-il possible d'être mieux rentré dans la vie publique et d'en mieux sortir?

Après l'homme d'État, que dire de l'académicien ?

M. Dufaure n'est pas un homme de lettres, et il a trop de bon sens, il sait trop ce qu'il vaut et par où il vaut, pour se croire un écrivain. L'on comprend à merveille que M. Sainte-Beuve l'eût trouvé « par trop juridique » pour en faire son collègue, et lui eût préféré M. J. Favre, « qu'il considérait comme de bonne prise », et qu'il attendait à une prochaine élection (1).

Les premières phrases du discours de réception de M. Royer-Collard, qui n'avait rien écrit et qui n'en fut pas moins membre de l'Académie, ne pourraient-elles pas expliquer et justifier en même temps la nomination de M. Dufaure ?

« Qu'y a-t-il entre l'Académie française et moi ? disait M. Royer-Collard. Ces titres de l'homme de lettres, ces titres nécessaires, qui n'ont manqué à aucun de vous, j'en suis dépourvu. Aucune composition, aucune branche de littérature cultivée avec quelque succès n'ont attiré sur moi vos

» Je ne cherche qu'à la faire respecter. Souvenez-vous que si, il y a huit ans, la République a été proclamée, à la tribune de l'Assemblée nationale, c'est alors que mes amis et moi, — et parmi eux l'éminent Président de cette Assemblée, — nous l'avons proclamée les premiers, en demandant que M. Thiers en fût déclaré Président.

» Nous n'avons pas prêté serment ce jour-là. Mais nous avons pris envers nous-mêmes et envers le pays l'engagement solennel d'être fidèles à ce gouvernement, que nous venions de proclamer au milieu de si graves événements.

» Depuis, nous avons assisté à toutes les phases qu'il a subies ; nous y avons pris une part modeste, mais ferme, et nous n'avons pas un instant hésité.

» Je demande que la dernière épreuve qu'il doit subir, le renouvellement du pouvoir exécutif en 1880, se passe avec autant de calme et de fermeté que celle du 5 janvier, et, si je suis encore de ce monde, personne n'y applaudira d'un cœur plus ardent que moi. »

(1) Voir dans le *Constitutionnel* du 20 janvier 1862 l'article piquant de M. Sainte-Beuve, intitulé : *Des prochaines élections de l'Académie.*

M. J. Favre se fit attendre encore quatre ou cinq ans, mais il fut élu par l'Académie, en remplacement de M. Cousin, mort à Cannes, en 1867.

regards. Jusqu'à ces derniers temps, ma vie, étrangère à vos travaux, s'est écoulée loin de votre commerce, stérilement consumée dans les agitations de nos troubles, ou cachée dans la retraite...

» Quelque imparfaits que soient mes titres, il vous a plu d'y voir, par une indulgente fiction, ceux de la tribune française; et, en m'adoptant, c'est avec elle que vous contractez, au nom des lettres, une solennelle alliance. »

Ces paroles, bien séantes dans la bouche de M. Royer-Collard, ne pourraient-elles se rencontrer avec la même justesse et la même modestie dans celle de M. Dufaure? Son élection, comme celle de M. Royer-Collard, n'est-elle pas une alliance entre les lettres et la tribune (1)?

Quoi qu'il en soit, grâce à ce dernier choix, la tribune parlementaire et la tribune judiciaire ont eu en même temps à l'Académie « trois de leurs puissances et trois de leurs gloires », MM. Dupin, Berryer et Dufaure; ils y ont été les représentants, M. Dupin, « du sens commun, mordant et original; » M. Berryer, « du pathétique vaste et émouvant, » M. Dufaure, « de la clarté éblouissante et de la dialectique inexorable. »

H. M.

L'Étude de M. Moulin sur M. Dufaure était achevée, quand un journal de département, le *Libéral de...*, nous a apporté une page assez piquante sur l'ancien président du Conseil des ministres.

C'est le plaisant récit de la mésaventure arrivée, à son occasion, à un jeune reporter, expédié à Paris par son rédacteur en chef, avec la mission de voir et d'entendre, d'étudier les hommes et les choses, et de lui adresser des portraits et des lettres politiques. Or, le premier portrait que notre jeune observateur envoya à son directeur fut celui de M. Dufaure, qu'il croyait avoir étudié sur nature....; mais laissons parler le journaliste lui-même :

(1) C'était aussi une alliance entre l'Académie et le Barreau, « ce Barreau, disait M. Patin répondant à M. Dufaure, si riche en talents, à qui nous vous avons emprunté, et qui, par vous et plusieurs de vos confrères avant vous, a contracté avec notre compagnie une sorte d'alliance. »

« Grâce à la protection de l'un des députés de notre département, j'ai pu assister hier à la réception officielle de l'Élysée. Les visiteurs étaient peu nombreux, et il m'a été facile d'étudier à mon aise quelques profils d'hommes politiques, dont je vous enverrai successivement les crayons. Je commence naturellement par le garde des sceaux, président du Conseil.

» Je n'avais pas l'honneur de le connaître ; notre député eut la bonté de me le désigner, au milieu d'un groupe entourant le chef de l'État.

» J'avoue que la sympathie m'a gagné du premier coup. M. Dufaure ne porte pas l'âge que lui donnent les biographes. Sa taille est moyenne, elle a conservé une grande élégance. Son attitude, un peu molle, est pleine d'abandon. J'ai rarement vu une physionomie plus distinguée et plus intelligente ; son front, très large, et de forme très pure, est couronné de cheveux grisonnants, qui ont gardé les ondulations de la jeunesse. Son regard est doux et profond, sa bouche ferme et bienveillante.

» Sous ces traits qui ont dû être, et qui sont restés charmants, que les soucis des grandes situations n'ont pu assombrir, on devine l'homme qui a voué sa vie aux longues études, au travail assidu, mais qui a voulu en réserver une part aux tendres passions, aux plaisirs du cœur. Il a dû arriver au pouvoir sans l'avoir désiré ; il doit l'exercer avec un entier détachement. Cette figure fine, gracieuse et souriante, avec une nuance d'énergie et de gravité, révèle tout à la fois le philosophe épicurien et le politique studieux. Je me tromperais beaucoup si M. Dufaure avait jamais ressenti les ardeurs, les anxiétés, les jalousies et les emportements du pouvoir. Lorsqu'il entre au ministère, il doit mesurer, avec tristesse, l'étendue de sa tâche, et se consoler, en songeant au jour où finiront les grands devoirs.

» J'ai pu m'approcher du groupe qui l'écoutait avec une évidente satisfaction. J'ai été tout charmé par la mélodie d'un organe net, clair, restant toujours dans les cordes moyennes, avivé toutefois par un peu d'accent méridional. La parole de ce bienveillant causeur est calme, facile, riche, sans pédanterie :

Les idées s'enchaînent et s'écoulent naturellement. Une conversation avec cet homme d'État est un plaisir pour les yeux, une harmonie pour l'oreille, une jouissance infinie pour l'esprit. Je ne m'étais pas fait cette idée d'un ministre. En vérité, si tous ses collègues lui ressemblent, je ne crois pas qu'il ait jamais existé un gouvernement plus séduisant.

T. P.

Le lendemain du jour où paraissait cet article dans le *Libéral de* .., ce journal contenait ces quelques lignes désespérées :

« Notre dernier numéro était imprimé et distribué, lorsque nous avons reçu la dépêche suivante de notre collaborateur T. P.

— « Grossière méprise ; n'insérez pas mon article. Le personnage que j'avais pris pour M. Dufaure est M. Mignet, de l'Académie française. M. Dufaure est tout le contraire. »

Nous avons quelques raisons de croire que le jeune reporter qui a adressé cet article au *Libéral de* ... n'est autre que l'un des collègues de l'ancien président du Conseil, l'un des membres les plus spirituels et le plus finement observateurs du Sénat.

E. C.

FIN

IMPRIMÉ

PAR

CL. MOTTEROZ

A

PARIS

www.ingramcontent.com/pod-product-compliance
Ingram Content Group UK Ltd.
Pitfield, Milton Keynes, MK11 3LW, UK
UKHW020955180726
13838UKWH00003B/1332